Autor _ Da Vinci
Título _ Sátiras, fábulas, aforismos e profecias

Copyright _ Hedra 2008
Tradução© _ Rejane Bernal Ventura
Corpo editorial _ Alexandre Barbosa, André Fernandes,
Bruno Costa, Caio Gagliardi,
Fábio Mantegari, Iuri Pereira,
Jorge Sallum, Nelson Fonseca,
Oliver Tolle, Ricardo Martins Valle,
Ricardo Musse

Dados _ Dados Internacionais de Catalogação na
Publicação (CIP)

Da Vinci, Leonardo. *Sátiras, fábulas, aforismos e profecias* (Org. e trad. Rejane Bernal Ventura) – São Paulo : Hedra : 2008. Bibliografia.

ISBN 978-85-7715-086-1

I. Da Vinci, L. II. Ventura, Rejane. B. III. Título

08-085   CDD-858

Índice para catálogo sistemático:
1. Aforismos, profecias etc. 858

Direitos reservados em língua
portuguesa somente para o Brasil

EDITORA HEDRA LTDA.
Endereço _ R. Fradique Coutinho, 1139 (subsolo)
05416-011 São Paulo SP Brasil
Telefone/Fax _ (011) 3097-8304
E-mail _ editora@hedra.com.br
Site _ www.hedra.com.br

Foi feito o depósito legal.

Autor _ Da Vinci
Título _ Sátiras, fábulas,
aforismos e profecias
Organização e tradução _ Rejane Bernal Ventura
São Paulo _ 2008

hedra

Leonardo da Vinci (Vinci, 1452-Les Clos-Lucé, 1519), pintor, escultor, arquiteto, engenheiro e teórico italiano, foi um dos mais importantes e prolíficos artistas do Renascimento. Em 1469, é acolhido no ateliê de Verrocchio como aprendiz. Serviu na corte de vários príncipes a partir de 1480, entre os quais Ludovico, o Mouro, e Francisco I, rei da França, para os quais, além das comissões de pintura, idealizou e executou projetos de engenharia militar e cuidou da organização de festas reais. No campo teórico, fez importantes especulações sobre os fenômenos naturais. Projetou máquinas voadoras, equipamentos de mergulho e diversos outros inventos, muitos dos quais nunca saíram do papel, mas cujos princípios básicos se provaram corretos. Filho ilegítimo, não pôde seguir nos estudos, conforme o costume da época, mas superou muitas dessas dificuldades se valendo de um autodidatismo sem par na história. Legou à posteridade cerca de cem mil desenhos e esboços e pelo menos seis mil páginas de anotações, que faziam parte de seus célebres cadernos de notas, cobrindo um vasto campo de disciplinas teóricas e artísticas. Suas pinturas e desenhos são até hoje objeto de estudo e admiração. Faleceu em 1519, segunda a lenda, nos braços do rei Franscisco I, de quem fora preceptor.

Sátiras, fábulas, aforismos e profecias reúne trechos dos manuscritos de Da Vinci, próprios do gênero conhecido então como *ditos espirituosos* – dizeres engenhosos, de caráter cortesão, geralmente recitados para o deleite de uma platéia supostamente culta. As sátiras são escritos cômicos de tom picaresco; as fábulas, à maneira de Esopo, são pequenas narrativas com moral, em que as personagens tomam a forma de animais, árvores e até líquidos, como o vinho de Maomé. As profecias estão associadas aos enigmas e servem como jogo de decifração. Os aforismos são apontamentos pessoais, originalmente dispersos nos cadernos de notas de Da Vinci, divididos nesta edição em três grupos: homem e moral, natureza e ciência.

Rejane Bernal Ventura é mestre em filosofia pela Faculdade de Filosofia, Letras e Ciências Humanas da Universidade de São Paulo e doutoranda em filosofia (Estética), na mesma instituição. Traduziu o *Diálogo sobre a pintura*, de Paolo Pino (Cadernos de Tradução, n° 8, USP, 2002).

SUMÁRIO

Introdução, por Rejane Bernal Ventura *9*
SÁTIRAS, FÁBULAS, AFORISMOS E PROFECIAS *29*
Sátiras *31*
Fábulas *41*
Aforismos *65*
Profecias e enigmas *91*

INTRODUÇÃO

A POSTERIDADE conhece Leonardo da Vinci como o autor da *Monalisa* e da *Santa Ceia*. Além da arte, dedicou-se à ciência e à invenção, idealizou e construiu máquinas. O que poucos talvez saibam é que foi também um grande escritor. Além das anotações científicas, escreveu textos e sentenças na forma de fragmentos, abordando uma gama de assuntos em gêneros diferenciados. Produziu aforismos, profecias, ditos espirituosos e morais, alegorias, fábulas, prefácios, cartas, máximas filosóficas, traduções e transcrições, que versavam sobre a ciência, a natureza, o homem, os animais. Registrou-os, junto a esboços e desenhos, num pequeno caderno de apontamentos que levava sempre consigo.

Sua inteligência multifacetada o direcionou para estudos e experimentos nas mais diversas áreas, como anatomia, arquitetura, astronomia, botânica, hidráulica, matemática, mecânica, música, óptica e zoologia. A princípio, suas investigações da juventude subordinavam-se à prática de seu ofício de artífice, porém, com o decorrer do tempo, dedicou-se à compreensão dos mecanismos dos fenômenos naturais, em suas causas, processos e leis, independente de qualquer aplicação concreta, o que lhe despertou o interesse pelas ciências e o levou para o caminho da teoria. Os manuscritos que deixou são o testemunho de seu vasto conhecimento, que encontrou na natureza e no homem fontes inesgotáveis de especulação.

VIDA

Leonardo nasceu em 15 de abril de 1452 numa pequena aldeia situada nas colinas da Toscana, denominada Vinci. Seus pais não eram casados. A mãe ficou conhecida apenas pelo nome de Caterina. Devido à escassa documentação, quase nada se sabe sobre sua origem. Segundo um anônimo compilador de informações do período, Leonardo "por parte de mãe era nascido de bom sangue".[1] O pai, Piero da Vinci, descendia de uma família de notários e acabou por se tornar um eminente advogado em Florença. Os poucos dados que se têm a respeito de seu nascimento devem-se ao registro que seu avô Antonio fez num livro de recordações herdado de seus familiares, no qual afirmou ser Leonardo seu primeiro neto.[2] Tudo indica que foi acolhido pelos avós e deles recebeu a primeira educação. Após o relacionamento com Caterina, seu pai, Piero, contraiu quatro outros matrimônios e em dois deles nasceram mais onze filhos, nove homens e duas mulheres.

Há pouca informação acerca de sua infância. Sabe-se que, em Florença, após o período de instrução elementar em que as crianças entre quatro e doze anos de idade (exceto as meninas) aprendiam a ler

---

[1] Cf. Carlo Vecce. *Leonardo.* Salerno Editrice, Roma, 1998, p. 30.
[2] Idem, ibidem, p. 20.

e a escrever, os alunos passavam a um estágio intermediário, visando ao aprendizado de uma profissão, ou então ao ingresso na universidade. Esse estágio profissionalizante era ministrado nas denominadas *scuole d'abaco*, ao passo que o ensino humanístico era ministrado nas *scuole di lettere*. No nível elementar aprendia-se, além da alfabetização, rudimentos da língua latina. Nas escolas *d'abaco* eram ensinadas principalmente matemática comercial, noções de contabilidade, práticas bancárias e de comércio em geral. Terminada esta fase, alguns alunos eram encaminhados a trabalhar com um mercador, outros permaneciam sob a orientação de um mestre de arte nas oficinas, para que obtivessem conhecimento sobre atividades manuais.[3] Exceto as escolas de letras, nos demais processos de instrução, seja nas escolas *d'abaco* ou nas oficinas de arte, o ensino não compreendia qualquer teoria. O conhecimento estruturava-se na prática e por meio de analogias, e o fruto desse aprendizado era registrado em *livros de oficina*, que não continham qualquer argumentação teórica sistemática. Talvez este seja um dos motivos pelos quais Leonardo – apesar de toda a erudição que adquiriu ao longo de sua vida – sempre redigiu seus manuscritos de maneira fragmentária e sob a forma de anotações; ou então em desenhos, por acreditar

---

[3] Roseli Sartori, *Leonardo da Vinci, Pensador e Escritor*. Dissertação de Mestrado (FFLCH-USP), 1997, pp. 22-4.

que a imagem traduzia melhor e mais rapidamente as idéias do que as palavras.⁴

Certamente Leonardo foi instruído em um escola *d'abaco*. Em 1469 sua família transferiu-se de Vinci para Florença. Segundo Michael White, por ser filho ilegítimo, Leonardo "foi impedido de freqüentar a universidade e não podia ter a esperança de adquirir uma profissão respeitável, como medicina ou direito", já que as regras das corporações profissionais não aceitavam pessoas com tais antecedentes.⁵

Giorgio Vasari relata em sua célebre biografia que, a despeito de ocupar-se com várias atividades, Leonardo jamais deixou de desenhar ou criar relevos das figuras que lhe vinham à fantasia. O pai, percebendo isso e considerando seu engenho elevado, tomou certo dia alguns de seus desenhos e os levou a Andrea Verrocchio,⁶ muito amigo seu, e lhe pediu que dissesse se Leonardo faria algum proveito, caso se dedicasse ao desenho. Estupefato, Verrocchio, ao perceber o enorme talento de Leonardo, disse ao pai que trouxesse o jovem para estudar em sua oficina.⁷

Assim, em 1476, por indicação do pai, passou a freqüentar a oficina de Andrea Verrocchio, com o ob-

---

⁴ Idem, ibidem, p. 24.
⁵ Michael White, *Leonardo, o primeiro cientista*. Rio de Janeiro, Record, 2002, p. 29.
⁶ Andrea del Verrocchio (c. 1435-1488), escultor, pintor e ourives florentino, um dos maiores artífices italianos da época.
⁷ Giorgio Vasari, *Le Vite dei più Eccellenti Pittori, Scultori e Architetti*, Roma, Newton Compton, 1991, p. 558.

jetivo de tornar-se artífice.[8] Este ofício compreendia a aquisição de um vasto campo de conhecimentos que incluía técnicas de pintura, escultura, arquitetura, projetos de engenharia e construção de máquinas.[9] Para adquiri-lo era necessário ingressar na oficina de um mestre renomado, a fim de ser introduzido na profissão por meio de seus princípios elementares. Leonardo freqüentou a oficina de Verrocchio por 12 anos, vivendo em Florença até 1482, quando se transferiu para a corte de Lodovico Sforza, o Mouro, em Milão, onde permaneceu até 1499.

É sabido que no século XV as cidades-estado italianas disputavam entre si pela hegemonia, prestígio e ostentação, e seus governantes, duques, marqueses, príncipes, banqueiros, apreciavam e estimulavam o trabalho dos artífices. Assim como as autoridades eclesiásticas, eram eles – grandes patrocinadores e mecenas – que encomendavam todo tipo de encargos às comissões. Entre as mais destacadas famílias, estão os Sforza, de Milão, os Gonzaga, de Mântua, os Montefeltro, de Urbino, os Este, de Ferrara, os Aragão, de

---

[8] A palavra *artista* não era utilizada no período do Renascimento, durante os séculos XV e XVI. O termo utilizado para designar aquele que exercia as artes manuais era *artífice* ou *artesão*, derivada do latim *artifex*. Estavam ligados às guildas, associações corporativas regidas por estatutos precisos, que, entre outras normas, autorizava produzir somente o que lhes solicitava a clientela. Cf. André Chastel, "O artista" em Eugenio Garin (org.), *O homem renascentista*, Lisboa, Presença, 1991, pp. 171-2.

[9] Cf. Leonardo da Vinci, *Scritti Letterari*, aos cuidados de Augusto Marinoni, Milão, BUR Classici, Rizzoli, 1974, p. 13.

Nápoles, os Bórgia, na Emília-Romanha e os poderosos Médici, ricos e influentes banqueiros de Florença. Convém lembrar ainda que o Papa quase sempre provinha dessas dinastias.

Ao longo de sua vida, Leonardo fixou-se em algumas dessas cortes, a serviço de seus governantes e dedicou-se aos trabalhos mais diversos, como obras arquitetônicas, pictóricas, escultóricas, além da idealização e construção de máquinas de guerra. Residiu em Milão, Florença, Roma e Veneza. Trabalhou por último na corte de Francisco I, na França, falecendo em 1519 aos 65 anos de idade, no Castelo de Cloux, em Amboise, onde morou durante os três últimos anos de sua vida.

OS MANUSCRITOS

Leonardo produziu uma infinidade de estudos e apontamentos, mas muito pouco chegou até nós. O único testemunho sobre a imensa quantidade de manuscritos produzida por ele foi relatado por um contemporâneo. Quando residia no Castelo de Cloux, em 1517, portanto, dois anos antes de sua morte, recebeu a visita do Cardeal Luigi d'Aragona e de seu secretário, um certo Antonio de Beatis, o qual nos deixou uma descrição muito peculiar sobre aquela visita. Ele afirmou ter visto com seus próprios olhos inúmeros manuscritos de anatomia, perspectiva e hidráulica, e sustentou que o mestre italiano disse ter composto "infinitos volumes, todos em língua vulgar, os quais, se viessem à luz, seriam profícuos e muito deleitáveis".[10]

Leonardo morreu sem ter publicado sequer uma página de seus "infinitos volumes". Sua primeira obra impressa, o *Trattato della Pittura*, surgiu somente em 1651, mais de 130 anos após sua morte, fruto do trabalho de compilação de Francesco Melzi, sob a orientação do próprio Leonardo.[11] Melzi, fiel discípulo e amigo, foi designado seu herdeiro oficial, responsável por todos seus manuscritos e esboços, mas após sua morte, seus herdeiros, descuidaram dos textos, e os manuscritos foram então desmembrados sem critério algum, vendidos, furtados, doados e reagrupados arbitrariamente, e muitos deles se perderam. Restam somente 28 manuscritos, denominados *códices*, espalhados por quatro países da Europa: Itália, França, Inglaterra e Espanha.

Somente a partir de 1880, é que alguns passaram a ser publicados em edições críticas. Os estudiosos estão de acordo ao afirmar que muitos dos manuscritos do Castelo de Cloux se perderam. E há quem sustente que a nós tenha chegado apenas um quinto de

---

[10] Cf. Leonardo da Vinci, *Aforismi, novelle e profezie*, aos cuidados de Massimo Baldini, Newton Compton, Roma, 1993, p. 7.
[11] Segundo Marinoni, o compilador do *Trattato della Pittura* trabalhou com uma massa de escritos de Leonardo muito mais vasta do que aquela de que hoje dispomos, ao ponto de que podemos reencontrar somente uma quarta parte do *Trattato*, nos manuscritos que restaram. Cf. Augusto Marinoni, op. cit., p. 33. A mesma informação encontra-se em Martin Kemp, *Leonardo da Vinci*, Rio de Janeiro, Jorge Zahar, 2005, p. 18.

suas páginas escritas, ou cerca de sete mil folhas, o que permite supor supor ao menos 35 mil delas, escritas por quase quarenta anos.[12]

HUMANISTAS E CORTESÃOS

No período em que Leonardo viveu, entre os séculos XV e XVI, os gêneros discursivos praticados tanto por humanistas quanto por cientistas eram constituídos por *tratados, discursos, diálogos* e *epístolas*.

Estudioso e especulador das ciências, Leonardo compôs inúmeros tratados nas mais diversas áreas. Com respeito à teoria da arte, os incontáveis apontamentos que escreveu foram reunidos após sua morte, no que hoje é denominado o *Tratado sobre a Pintura*. Esse tipo de gênero, no tocante às artes figurativas, pressupunha inicialmente a argumentação da temática proposta, seja pintura, escultura ou arquitetura, a partir de seus fundamentos essenciais. Além do enfoque teórico, os tratados reuniam ainda uma série de ensinamentos práticos que se configurava por meio de preceitos ou regras que o tratadista recomendava àquele que exercia o ofício. Em seu tratado, Leonardo expôs suas concepções acerca da ciência, e defendeu o intrínseco vínculo da pintura com a matemática, afirmando ser a pintura e a ciência inseparáveis. Além desses tópicos, ele discorreu também sobre as relações entre pintura e as demais artes, poesia, escultura e música, e discriminou todos os elementos que deviam servir para efetuar a composição de uma

---

[12] Cf. Massimo Baldini, op. cit., p. 7.

obra pictórica: cor, desenho, luz e sombra, paisagens, perspectiva e proporção da figura humana.

Contudo, além de ciência e arte, Leonardo escreveu sobre outros temas. Porém, se no meio humanístico, os gêneros citados eram os mais empregados, no ambiente da corte – em que ocorriam as reuniões dos nobres e cujo objetivo era propiciar prazer e divertimento –, outros tipos de escritos eram preferidos. Além da *poesia*, havia as *novelas*, os *ditos espirituosos* ou *morais*, as *adivinhações* ou *enigmas* e *profecias*.

O pequeno livro que ora apresentamos contempla textos pertencentes a quatro desses gêneros aos quais Leonardo se dedicou enquanto homem da corte: sátiras, fábulas, aforismos e profecias.

Semelhante a muitas de suas obras não concluídas, os textos produzidos por ele não formam um corpo coeso e organizado como o presente volume pode dar a entender. Conforme foi dito no início desta introdução, Leonardo anotava sentenças e reflexões nas margens de seus manuscritos, sem ter, *a priori*, a intenção de organizá-los segundo alguma norma. Nesse sentido, alguns de seus estudiosos lançaram-se à árdua tarefa de ordenar determinados escritos, tais como pensamentos e profecias, tentando reagrupá-los de acordo com o critério que poderia ter sido estabelecido pelo próprio Leonardo. Baseamo-nos nestas ordenações para compor este exemplar.

DITOS ENGENHOSOS

Entre os gêneros aqui dispostos, as sátiras e fábulas inserem-se em uma das diversas formas assumidas pelo riso e pelo escárnio ao longo da história, que encontram suas origens ainda na Idade Média. A princípio, o riso e a burla eram próprios do vulgo, apresentados em festas e carnavais, traduzidos por meio das farsas, longa tradição medieval. Nos séculos do Renascimento os humanistas as desdobraram e a divulgaram por toda a Europa, sob a forma de *ditos espirituosos*. Na Itália, desenvolveu-se particularmente em Florença, difundindo-se posteriormente para outras cidades, e alterando inclusive as práticas da nobreza e as próprias representações das cortes.[13]

No sentido de divertimento e profusão do riso, os ditos espirituosos ou escritos satíricos assemelhavam-se ao lado burlesco das comédias, de modo que peças, farsas e novelas acabaram por incorporar essa característica bufa, e tornaram-se, como referido acima, práticas de leitura e representação de corte.

Histórias eram narradas no ambiente cortesão "entre amigos, em reuniões particulares de pessoas do mesmo meio e de mesma cultura".[14] A tradição

---

[13] É interessante observar como foi necessário serem regradas por preceitos de boa conduta, através dos chamados "tratados de civilidade", como o *Cortesão* (1528), de Baldassare Castiglione (1478-1529), e o *Galateo* (1558), de Giovanni Della Casa (1503-1556).

[14] Georges Minois, *História do riso e do escárnio*, São Paulo, Editora Unesp, 2003, p. 307.

italiana dessas práticas aristocráticas conheceu seu apogeu entre 1450 e 1550, e acabou por difundir-se também na literatura. A primeira coleção de escritos satíricos foi elaborada, por volta de 1450, pelo humanista Poggio Bracciolini (1380-1459), que os reuniu em sua obra *Liber facetiarum* [Livro de facécias], contando histórias escabrosas que circulavam nos meios pontificiais de Roma.[15] É preciso salientar que a então recente invenção da imprensa permitiu a difusão dessas obras. Se por um grande espaço de tempo elas haviam sido manuscritas, copiadas detalhadamente por aqueles que apreciavam ditos espirituosos para seu uso pessoal,[16] aos poucos elas foram se espalhando por círculos menos restritos. São ainda exemplares o *Decameron*, de Giovanni Boccaccio (1313-1375), as *Novelas*, de Matteo Bandello (1485-1561) e as histórias de Franco Sacchetti (1332/34-1400), Masuccio Salernitano, Sabadino degli Arienti e Antonfrancesco Grazzini.[17] Nas artes figurativas, as sátiras encontraram igualmente meio fértil de expressão, na criação das caricaturas, que se realizavam quando o artífice acentuava um ou outro traço característico do retratado com finalidade cômica. E Leonardo não faltou ao exemplo ao efetuar seus inúmeros estudos de cabeças grotescas.

No cenário da corte, onde era corrente o uso de ditos espirituosos, não poderia faltar o personagem

---

[15] Georges Minois, op. cit., p. 307.
[16] Idem, ibidem, p. 307.
[17] Idem, ibidem, p. 311.

que narrava este tipo de história, sob a forma da sátira, para levar seus ouvintes às gargalhadas. Georges Minois afirma que a prática da zombaria e da burla inscrevia-se num meio aristocrático que se pretendia refinado, sempre à procura da beleza do gesto em uma atmosfera de competição e exaltação da virtude individual.[18] A corte florentina, por exemplo, tinha predileção pelos galhofeiros. Dois tipos se destacavam: *l'uomo piacevole*, o homem divertido, erudito loquaz requintado; e *il buffone*, bufão, mais próximo do bobo da corte. Os bobos de corte italianos eram inclusive renomados como os melhores da Europa.

Leonardo foi um *uomo piacevole* e os escritos presentes neste volume fazem parte dessas circunstâncias históricas. Os estudiosos concordam entre si que os gêneros foram produzidos por ele com o propósito de serem lidos na corte de Lodovico Sforza, duque de Milão, onde viveu por longos 17 anos. O duque, pretendendo elevar sua cidade à altura de outras cortes italianas em ostentação e requinte, rodeou-se de artistas proeminentes e estudiosos da ciência. Por ser um homem sábio, de boa aparência, prosa eloqüente e um excelente contador de histórias, Leonardo era bastante requisitado para entreter os nobres em suas reuniões, despertando sua admiração e divertindo-os com a elegância de sua dicção toscana e agradável conversa. Assim, Giorgio Vasari afirmou que "Leo-

---

[18] Idem, ibidem, p. 312.

nardo era tão agradável na conversação, que atraía para si o ânimo das pessoas".[19]

sátiras O primeiro dos gêneros presentes nesta coletânea, as sátiras, são o tipo mais refinado dentre os ditos espirituosos, lido no ambiente cortesão. Denominavam-se originalmente *facezie* [facécias], e eram ao mesmo tempo escritos cômicos com um leve toque de ironia. As sátiras de Leonardo designam sentenças ou histórias curtas que oscilam entre uma forma de riso picaresco, como em "O homem com a espada", "O fanfarrão", "O padre e o pintor", "O frade e o mercador", "O viandante e a taxa" e "O ladrão e o merceeiro", ao tom mais irônico e sarcástico, descrito por exemplo em "Bela resposta a um pitagórico", "O enfermo", "O filho ilegítimo" e "O pobre e o senhor", ou a uma entonação mordaz, como em "Os olhos de estranha cor" e a "A lavadeira e o padre".

Certamente Leonardo teve acesso a obras satíricas do período. É sabido que em sua biblioteca pessoal havia uma tradução para o italiano vulgar do *Liber facetiarum*, de Poggio e de outro autor satírico, Domenico di Giovanni (1404-1449), cognominado Burchiello, autor de sonetos contendo tons de cinismo e escárnio.

fábulas No que diz respeito às fábulas, também *ditos espirituosos*, representam, segundo Augusto Ma-

[19] Giorgio Vasari, op. cit., p. 558.

rinoni,[20] um esforço significativo de Leonardo na afirmação de um estilo próprio, e cuja característica maior encontra-se na amplificação do período e no uso excessivo de verbos no gerúndio, em busca da boa forma estilística, revelando assim a influência de escritores mais antigos, como Giovanni Villani[21] e o autor de novelas satíricas acima mencionado, Franco Sacchetti. Bruno Nardini, autor de uma das transcrições de fábulas de Leonardo, afirma que "antecipando em dois séculos as *Fábulas* de La Fontaine, suas histórias estão estreitamente ligadas com as de Esopo[22] e de Fedro e as de Plínio, o Velho."[23]

As fábulas de Leonardo estruturam-se a partir de uma figura de linguagem de origem retórica, denominada *personificação*, que consiste na criação de um personagem animal, vegetal ou mineral, concedendo-lhes qualidades e características humanas, tais como atribuir-lhes fala, sentimentos e reflexões. Salientamos que o advento da Renascença propiciou de modo simultâneo o reflorescimento da antiga arte

---

[20] Op. cit., p. 49.
[21] Giovanni Villani (final do séc. XIII-1348). Escreveu uma obra denominada *Nuova Cronica*, "destinada a quem não conhecia o latim e não tinha acesso à cultura clássica, possuindo assim caráter universalista". Cf. *Literatura Italiana – Linhas, problemas, autores*. Giorgio Barberi Squarotti (org.). São Paulo, Nova Stella, Instituto Cultural Ítalo-Brasileiro e Edusp, 1989, p. 168.
[22] Deve-se salientar que entre os livros de Leonardo constavam três edições das *Fábulas* de Esopo (séc. VI a.C.).
[23] Leonardo da Vinci, *Fábulas e Lendas*. (Interpretadas e transcritas por Bruno Nardini) Salamandra, Rio de Janeiro, 1977. p. 8.

retórica por parte dos humanistas, de maneira que, por mais erudito que fosse, aquele que não tivesse obtido semelhante conhecimento, não poderia ser considerado como tal. A despeito de não dominar o latim, a profunda erudição de Leonardo nas várias áreas permitia-lhe ter acesso a estes recursos, não só pela troca de idéia com humanistas letrados, como também pelo fato de haver livros de retórica em sua biblioteca.

Na personificação concebida por ele, animais, vegetais e minerais adquirem vida e pensamento e são dotados das mesmas paixões, vícios ou virtudes humanas, como astúcia, bondade, humildade, inveja, piedade, soberba, solidão e vaidade. Ao descrever suas ações, Leonardo cria uma paródia de conteúdo moral sobre a conduta humana, uma vez que seus personagens sofrem e interagem empregando os mesmos artifícios utilizados pelo homem para lidar com os de sua própria espécie, tais como a opressão, o ardil e o engano. Encontramos em suas histórias a melra que fere propositalmente o ligustro com suas garras, sem ouvir seus lamentos; a pereira que desmerece o loureiro e a murta por se julgar mais importante. Há também o cedro envaidecido que despreza as plantas ao seu redor e o humilde floco de neve que se enaltece ao ser o último a derreter no verão.

aforismos Quanto aos aforismos, muito mais do que escritos para serem lidos na corte, eles parecem fazer parte de seus apontamentos e reflexões pessoais, talvez para ordenar observações sobre experimentos, ou lembretes de sentenças que anotava de outros autores. Foram classificados em três categorias: "homem e a moral", "natureza" e "ciência", conforme consta na edição de Edmondo Solmi.[24] Os pensamentos morais denotam a arguta percepção e sabedoria de Leonardo em seu julgamento sobre a existência humana. Os aforismos sobre a natureza abarcam reflexões sobre o universo, alguns aspectos das funções do corpo humano e fenômenos naturais. A última parte trata da ciência, expondo considerações sobre a aquisição do conhecimento, conclusões sobre o conceito de ciência e a realização de experimentos.

profecias Quanto às profecias, certamente Leonardo deveria tê-las composto também para recitá-las no ambiente cortesão. A prova é que numa das sentenças, a primeira do item sétimo, "profecias dos casos que não podem existir na natureza", ele registra inclusive o modo como deveria ser anunciada: "diga-a em forma de frenesi ou delírio, de insânia do cérebro". Segundo Giuseppina Fumagalli, as profecias, em vez de terríveis anunciações, parecem-lhe muito mais adivinhações ou enigmas, precedidos ou seguidos por uma engenhosa explicação, os quais

---

[24] Leonardo da Vinci, *Scritti Scelti – Frammenti Letterari e Filosofici*, aos cuidados de Edmondo Solmi, Firenze, Giunti Barbèra, 2006.

foram propostos de forma profética, como burla fantasiosa.[25]

De todo modo, Leonardo havia deixado uma orientação prévia de como pretendia ordená-las, como se pode observar na longa sentença que se encontra no cabeçalho que as introduz. Edmondo Solmi[26] tomou-a como paradigma e as reagrupou, conforme sua proposição.[27] Entre os escritos aqui selecionados, esse gênero é o que apresenta o caráter mais peculiar, por possuir sentenças obscuras, enigmáticas e repletas de imagens apocalípticas, cujos títulos e frases em itálico que as compõem nem sempre apresentam um sentido lógico. Elas constroem imagens sombrias e aterradoras de catástrofes e tragédias que envolvem a destruição da natureza e o sofrimento da espécie humana em meio a guerras, crueldades, martírios e morte.

SOBRE A TRADUÇÃO

Esta tradução foi realizada a partir de duas edições italianas: *Scritti Scelti – Frammenti Letterari e Filosofici di Leonardo da Vinci – Favole, Allegorie, Paesi, Pensieri, Figure, Profecie, Facezie*, organizada por Edmondo Solmi, de 2006 e *Leonardo da Vinci – Scritti Letterari*, de Augusto Marinoni, publicado em 1974 (primeira edição, 1952). Ao mesmo tempo, cotejamos

---

[25] Giuseppina Fumagalli, *Leonardo – Omo Sanza Lettere*, Firenze, Sansoni, 1952, p. 180.
[26] Edmondo Solmi, op. cit.
[27] Giuseppina Fumagalli tomou esta mesma iniciativa de distribuir as profecias conforme a regra indicada por ele.

com a edição preparada por Massimo Baldini, publicada em 1993, *Leonardo da Vinci – Aforismi, Novelle e Profezie*.

Antes dessa edição, houve duas outras publicadas no país. A primeira, um belo exemplar ilustrado com o título *Leonardo da Vinci – Fábulas e Lendas*, interpretadas e transcritas por Bruno Nardini e publicada em 1977. A segunda, uma coletânea de escritos, denominada *Obras Literárias, Filosóficas e Morais*, editada em 1997, na excelente tradução de Roseli Sartori.

Leonardo é um autor de difícil tradução. Seu estilo mistura o italiano vulgar próximo à oralidade, justapondo-se a uma estrutura sintática complexa da língua latina. Além disso, seu texto é conciso e em muitos momentos de penosa compreensão. Edmondo Solmi chegou a afirmar que o objetivo principal de Leonardo, no tocante aos seus escritos literários, foi o de obter a maior clareza pela máxima concisão, qualidades que tentamos preservar nesta tradução.

BIBLIOGRAFIA

CHASTEL, André. "O artista". In: Eugenio Garin, *O homem renascentista*. Lisboa: Presença, 1991, p. 171-172.

DA VINCI, Leonardo. *Aforismi, novelle e profezie*. Massimo Baldini (org.). Roma: Newton Compton, 1993.

———. *Scritti Letterari*. Augusto Marinoni (org.). Milano: BUR Classici, Rizzoli, 1974.

———. *Fábulas e Lendas*. Interpretadas e transcritas por Bruno Nardini. Tradução de Vera Maria Teixeira Soares e Mário Palmério. Rio de Janeiro: Salamandra, 1977.

———. *Scritti Scelti – Frammenti Letterari e Filosofici, Favole, Alle-*

gorie, Paesi, Pensieri, Figure, Profecie, Facezie. Edmondo Solmi (org.). Firenze: Giunti Barbèra, 2006.

———. *Obras literárias, filosóficas e morais*. Tradução de Roseli Sartori. Apres. de Carmelo Distante. São Paulo: Hucitec, 1997.

FUMAGALLI, Giuseppina. *Leonardo – Omo Sanza Lettere*. Firenze: Sansoni, 1952.

MINOIS, Georges. *História do riso e do escárnio*. São Paulo: Unesp, 2003.

SARTORI, Roseli *Leonardo da Vinci, pensador e escritor*. Dissertação de Mestrado, Departamento de Letras Modernas da FFLCH-USP, 1997.

VECCE, Carlo. *Leonardo*. Roma: Salerno, 1998.

WHITE, Michael. *Leonardo, o primeiro cientista*. Rio de Janeiro: Record, 2002.

SÁTIRAS, FÁBULAS, AFORISMOS E PROFECIAS

SÁTIRAS

RESPOSTA DE UM PINTOR

Perguntou-se a um pintor por que motivo criara ele figuras assim tão belas, a despeito de serem coisas mortas, quando tinha feito os filhos tão feios. Então o pintor respondeu que as pinturas, ele as fizera de dia, e os filhos, à noite.

O POBRE E O SENHOR

Um pobre homem fez entender ao porteiro de um grande senhor que deveria dizer-lhe haver chegado ali um irmão, com grande necessidade de falar-lhe. O porteiro, reportando tal embaixada ao nobre, teve a incumbência de fazê-lo entrar. Quando este chegou à presença do senhor, demonstrou-lhe como haviam os dois descendido do grande pai Adão. Afirmou ser seu irmão, dizendo que os bens haviam sido mal distribuídos. Assim lhe suplicava que o tirasse de tamanha miséria, porque a grande custo conseguia viver de caridade. Então o senhor respondeu que lhe era bem lícito tal pedido e solicitou ao tesoureiro que lhe doasse uma pequena moeda. O pobre ficou estupefato com tal atitude e disse que aquilo não se fazia a um irmão. Então o senhor respondeu que ele tinha tantos irmãos semelhantes que, se desse muito para cada um, não lhe restaria nada, e que tal moeda era o bastante para a divisão de bens. E assim, com legítima licença, dividiu tal herança.

BELA RESPOSTA A UM PITAGÓRICO

Um homem queria provar com a autoridade de Pitágoras que havia estado no mundo outras vezes, e alguém não lhe deixava terminar seu raciocínio; então, o primeiro disse àquele:

— E por tal sinal de que aqui estive outras vezes, recordo-me de que tu fosses moleiro.

O outro, por sua vez, mordido pelas palavras, confirmou-lhe ser verdade, porque devido àquela marca ele também se lembrou de que o tal tinha sido o asno que lhe levava a farinha.

O PADRE E O PINTOR

Andava um padre por sua paróquia no sábado santo, oferecendo, como de costume, água benta nas casas, quando chegou casualmente na morada de um pintor. Ao aspergir aquela água sobre algumas de suas pinturas, o pintor voltou-se para trás um tanto angustiado e perguntou-lhe por que havia lançado tal jato sobre as obras. O padre respondeu-lhe então ser o costume, que era seu dever cumpri-lo, e o fazia por bem, e quem realiza o bem deve também esperá-lo e o melhor, porque assim prometia Deus, e que de todo o bem que se fizesse na Terra, dele se receberia em dobro. Então o pintor esperou que o padre saísse, aproximou-se da janela acima dele, e arremessou um grande balde de água sobre sua cabeça, dizendo:

— Eis que de cima te chega em dobro, como disseste que aconteceria, pelo bem que me fizeste com tua água santa, arruinando metade de minhas pinturas.

O FRADE E O MERCADOR

Os frades menores têm o hábito, em determinados períodos e por algumas de suas quaresmas, de não comerem carne em seus conventos. Porém, como vivem de caridade, quando viajam têm licença para comer o que lhes é posto à frente. De modo que, numa das mencionadas viagens, chegando por acaso a uma taberna, dois desses frades, em companhia de um pequeno mercador, sentaram-se à mesa. Devido à pobreza da taberna, foi-lhes servido não mais do que um galeto cozido. O pequeno mercador, vendo que o alimento já lhe seria pouco, voltou-se aos frades e disse:

– Se bem me recordo, vós não comeis carne de modo algum em tais dias em vossos conventos!

Com estas palavras os frades foram constrangidos por suas normas e, sem discussão, a concordar com ele. O pequeno mercador obteve então o seu desejo. Assim comeu aquele galeto e os frades tiveram de se virar como puderam.

Após tal jantar, os três comensais partiram na companhia um do outro. Depois de um tanto de viagem, encontraram um rio de boa extensão e profundidade. Como estavam todos a pé – os frades por pobreza e o outro por avareza –, foi necessário, pelo costume da companhia, que um dos frades, estando quase descalço, carregasse sobre seus ombros o pequeno mercador. Assim, confiou ao outro frade suas sandálias, e se encarregou de tal homem.

Ocorre que, ao encontrar-se no meio do rio, o frade recordou-se também de suas normas e parou. Lembrando São Cristóvão, elevou a cabeça na direção daquele que lhe pesava nas costas e disse:

— Dize-me, tens tu alguma moeda aí em cima contigo?

— De que outro modo credes vós, respondeu ele, que meus pares mercadores façam seus negócios para cá e para lá?

— Ai de mim, disse o frade, nossa norma proíbe que levemos moedas conosco.

E súbito o atirou na água.

O mercador acolheu tal atitude de modo brincalhão e com agradável riso, ao perceber que a injúria feita na taberna fora punida. Meio enrubescido pela vergonha, suportou a desforra pacificamente.

O VELHO E O JOVEM

Um velho desprezava publicamente um jovem demonstrando audácia por não temê-lo. O jovem então respondeu-lhe que a sua longa idade lhe era melhor escudo do que a língua ou a força.

O FANFARRÃO

Numa disputa, um homem vangloriava-se de saber fazer muitas e boas jogadas, então, um outro dos que estavam ao seu redor disse:

– Conheço um jogo que fará a quem quer que me apareça tirar as ceroulas!

O primeiro fanfarrão, encontrando-se sem elas, disse:

– A mim, ninguém conseguirá me fazer tirá-las! E apostemos um par de meias!

O proponente desse jogo aceitou a aposta, prometeu mais para quem ficasse sem ceroulas, tirou-as, arremessando-as em seguida no rosto do apostador das meias. E venceu a prova!

OS OLHOS DE ESTRANHA COR

Um homem disse a um conhecido seu:

– Tu tens os olhos alterados para uma cor esquisita!

O outro respondeu que isso lhe sobrevinha com freqüência.

– Mas tu não colocas nenhum remédio? E quando te acontece isso?

Replicou o outro:

– Toda vez que meus olhos vêem teu rosto estranho! Pela violência recebida por tão grande desprazer, súbito eles empalidecem e mudam para uma insólita cor.

A LAVADEIRA E O PADRE

Uma mulher lavava vestes e por causa do frio tinha os pés muito vermelhos. Ao passar próximo a ela, um padre perguntou-lhe com estupor qual a origem de tal vermelhidão. Súbito, a mulher respondeu-lhe que tal efeito acontecia porque ela tinha fogo dentro de si. Então o padre colocou a mão naquele membro viril, que o fez ser mais padre do que freira e a mulher achegando-se a ele com doce e submissa voz rogou-lhe por cortesia que ele acendesse um pouco daquela candeia.

O AMIGO E O MALEDICENTE

Um homem absteve-se de freqüentar a companhia de um amigo seu, porque amiúde ele falava mal de outros amigos seus. Certo dia, deixou-o queixando-se com alguém. Depois de muito lamentar-se, ele se aproximou e rogou que lhe dissesse por que motivo esquecera tão grande amizade. Ao que respondeu:

— Eu não quero mais conversar contigo, porque te quero bem e não gostaria que dissesses mal de mim, que sou teu amigo a outros, para que não venham a fazer como eu, triste impressão de ti. Assim, se lhes falares mal de mim, sem que sejamos vistos juntos, parecerá a eles que somos inimigos, e quando disseres mal de mim, como é teu costume, não serás tão censurado, como quando nós estivermos em companhia um do outro.

O HOMEM COM A ESPADA

Um homem vê uma grande espada no flanco de outro e diz:

— Ó pobre coitado! Há longo tempo que te vejo unido a esta arma. Por que não a soltas, deixando tuas mãos desembaraçadas para possuir enfim a liberdade?

Ao que o outro respondeu:
— Esta idéia não é tua, pelo contrário, é bem velha!

O primeiro, mordido, replicou:
— Sei que tens conhecimento de poucas coisas nesse mundo, assim, pensei eu que tudo que te divulgam deve ser tomado por ti como novo!

O ENFERMO

Estava um enfermo à beira da morte quando ouviu baterem à porta. Perguntou a um de seus servos quem o fazia e o servo respondeu-lhe ser uma mulher que se chamava Madona Boa. Então o enfermo elevou os braços ao céu, agradeceu a Deus em voz alta, depois disse ao servo que a deixasse vir depressa, a fim de que pudesse contemplar uma boa mulher antes de morrer, porque em vida jamais havia encontrado nenhuma.

O DORMINHOCO

Foi dito a um homem que se levantasse do leito, porque o sol já estava alto, e ele respondeu:
— Se eu tivesse tão longas viagens e afazeres para realizar quanto ele, também já me teria levantado, porém, tendo a cumprir tão pouco caminho, não me levantarei ainda.

O ARTESÃO E O NOBRE SENHOR

Um artesão visitava com freqüência um nobre sem propósito algum. Certo dia, o nobre perguntou-lhe o que fazia por lá. O artesão disse-lhe então que vinha até sua casa para usufruir de prazeres que ele, um senhor nobre, não podia ter. Uma vez que, enquanto artesão, podia contemplar de boa vontade homens mais poderosos que ele, como faz o povo. Mas o nobre, pelo contrário, não podia encontrar senão homens de menos posse do que ele, e por esta razão, pessoas ilustres como ele não podiam desfrutar do mesmo prazer de um simples artesão.

O VIANDANTE E A TAXA

Ao chegar a Módena, um homem teve de pagar cinco moedas de taxa por sua pessoa, para entrar na cidade. Começou então a fazer grande clamor e causar admiração, atraindo para si muitas pessoas que se encontravam ao redor. Perguntaram-lhe qual motivo de tão grande aturdimento, ao que ele respondeu:

– Ó, não devo eu maravilhar-me com isso? Visto que nesta cidade todo homem não deve pagar outro valor senão cinco moedas para adentrá-la, e a Florença, eu, só para pôr dentro o pau, tive de pagar dez ducados de ouro, e aqui ponho o pau, o saco e todo o resto por tão pequeno imposto? Deus salve e mantenha tal cidade e quem a governa!

A TARIMBA E A LANÇA

Um homem, ao ver uma mulher parada se oferecendo semelhante a um banquete num torneio, examinou a tarimba e gritou ao ver sua lança:

– Ai de mim! Que este trabalhador é demasiado pequeno para tão grande empreitada!

O FILHO ILEGÍTIMO

Um homem recriminou a outro de bem por não ser filho legítimo. Ao que esse respondeu ser legítimo nas ordens da espécie humana e na lei da natureza. Porém, aquele que o recriminara certamente devia ser bastardo em uma delas, porque tinha mais hábitos de besta do que de homem, e por tal motivo não havia certeza de que fosse legítimo pela lei dos homens.

O LADRÃO E O MERCEEIRO

Um ladrão, ao saber que um merceeiro conhecido seu tinha bastante moedas numa arca em seu empório, teve o pensamento de roubar-lhe. Chegada a meia-noite, entrou o ladrão naquela casa de negócios e começou a dar cabo de sua intenção, quando foi surpreendido de modo imprevisto pelo ruído do empório sendo aberto à chave por um grande cadeado. Assustado, o merceeiro que acabara de entrar olhou pelas fendas que irradiavam o lume do ladrão e súbito trancou o cadeado, encerrando-o no empório. Em seguida, correu para a família do reitor. Então o ladrão, encontrando-se preso no empório, recorreu a um subterfúgio para salvar-se. Acendeu dois castiçais do merceeiro e sacou algumas cartas de jogo. Parte delas, que representavam mau jogo, ele atirou por terra, outro tanto que significava jogo bom, conservou em mãos e assim esperou a família do reitor. Subitamente, eles chegaram com a cavalaria. O ladrão que se encontrava dentro do empório, ao ouvir abrirem a porta, gritou:

— Pela fé de Deus, tu me encerraste aqui para não me pagares as moedas que te ganhei. Juro a ti que não me ficarás a dever. Não deve jogar quem não quer perder. Tu me fizeste jogar meio forçadamente e depois, quando perdeste, fugiste para fora do empório com teu dinheiro e com o meu, e ainda me encerraste aqui dentro para que eu não corresse atrás de ti.

E, dizendo isso, sacou a algibeira para mostrá-la à cavalaria.

Então os cavaleiros, percebendo terem sido ludibriados, fizeram com que o merceeiro desse as moedas que o outro pedia, porque, conforme seu juízo, lhe pertenciam.

FÁBULAS

O LIGUSTRO E A MELRA

O ligustro, sendo aferroado em seus finos ramos, plenos de novos frutos, pelas pungentes garras e bicos dos importunos melros, queixava-se com tristes lamentos para uma melra.

Suplicava que ao tirar-lhe seus diletos frutos, ao menos não o privasse de suas folhas, pois elas o defendiam dos ardentes raios do sol. Pedia-lhe também que, com suas agudas garras, ela não o esfolasse nem o despojasse de sua tenra casca. Com grosseira reprimenda, a melra respondeu:

— Ó, cala-te, abrolho selvagem! Não sabes que a natureza te criou para produzir estes frutos para o meu sustento? Não vês que estás no mundo apenas para servir-me com tal alimento? Não sabes, insolente, que no próximo inverno, serás nutrição e alimento do fogo?

Tais palavras foram ouvidas pela árvore pacientemente e não sem lágrimas. Pouco tempo depois, a melra foi presa por uma armadilha.

Entre os ramos apanhados para fazer as varas da gaiola que a encarcerou, alguns foram colhidos do delicado ligustro, que percebendo ser a causa da perdida liberdade da melra, alegrou-se dizendo tais palavras:

— Ó, melra, aqui ainda estou e não fui consumido pelo fogo, como disseste! Contemplarei antes tua prisão do que tu me veres queimado.

O LOUREIRO, A MURTA E A PEREIRA

O loureiro e a murta, ao verem a pereira ser cortada, gritaram com alta voz:

— Ó, pereira, para onde tu vais? E a soberba que possuías quando tinhas os teus frutos maduros? Agora não nos farás mais sombra com tuas densas copas!

A pereira então respondeu:

— Vou embora com o agricultor que me corta! Ele me levará à oficina de um ótimo escultor que me fará, com sua arte, tomar a forma de Júpiter. Serei consagrado no templo e pelos homens adorado, em lugar de Júpiter, e vós, vós correis o risco de ficar sempre estropiadas e despojadas de vossos ramos, que vos serão extraídos pelos homens e usados para honrar-me ao serem colocados em meu redor!

A CASTANHEIRA E A FIGUEIRA

Vendo a castanheira um homem que se postava sobre a figueira, o qual, arqueava seus ramos em direção a si, arrancava os frutos maduros e os colocava na boca aberta, decompondo-os e destroçando-os com seus duros dentes, sacudiu os longos ramos com tumultuoso murmúrio e disse:

— Ó, figueira, quanto és tu menos agraciada pela natureza do que eu! Vês como em mim ela dispôs encerrados os meus doces filhos! Primeiro, ao revestilos com um fino invólucro, sobre o qual foi posta a dura e forrada pele, e não contentando-se de tanto beneficiar-me, já que lhes criou uma forte habitação, ainda incorporou a ela agudos e grossos espinhos, de modo que as mãos do homem não possam me prejudicar.

A figueira então começou a rir junto com seus filhos. Parou e disse:

— Sabes que o homem possui grande engenho, ele te conhece e portanto se utiliza de varas e pedras para extrair os espinhos que se encontram entre teus ramos, fazendo teus pobres frutos caírem no chão e serem esmagados com os pés ou com os seixos, de modo que teus frutos acabem despedaçados e estropiados fora da guarnecida casa. Eu, pelo contrário, sou com diligência tocada pelas mãos deles, e não como tu, por bastões e pedras!

A MARIPOSA E A CHAMA

Não se contentando a vaidosa e inconstante mariposa de poder comodamente voar pelo ar, foi conquistada pela divertida chama de uma vela, e decidiu voltear sobre ela. Porém seu alegre movimento foi causa de súbita tristeza, porque no dito lume consumiram-se suas delicadas asas. E a infeliz mariposa, caída e toda queimada ao pé do castiçal, após muito pranto e arrependimento, enxugou as lágrimas dos olhos, elevou a cabeça para o alto e disse:

— Ó, falsa luz, quantos como eu deves ter miseravelmente enganado nos tempos idos! Ó, se desejava tanto contemplar a luz, não deveria eu reconhecer o sol do falso lume vindo do imundo sebo?

A NOZ E O CAMPANÁRIO

Percebendo a noz ter sido levada por uma gralha para cima de um alto campanário, viu-se subitamente libertada pelo mortal bico caindo numa das fissuras do muro. Rogou então humildemente àquele muro em nome da graça que Deus lhe tinha concedido, de ser tão grandioso, eminente e rico de tantos belos sinos dotados de tão honrosos sons, que a devia socorrer.

Já que ela não pudera precipitar-se sob os verdes ramos de seu velho pai, e permanecer recoberta na fértil terra por suas folhas caídas, porque a ele não pretendera abandonar, ao encontrar-se no feroz bico da gralha, ela se bateu e atirou-se do alto, de modo a se lhe escapar, desejando assim somente terminar sua vida em um pequeno buraco. Tais palavras comoveram o muro, e o levaram à compaixão. Ficou contente de dar-lhe abrigo no lugar onde ela havia caído.

Ocorreu porém que, em pouco tempo, a noz começou a abrir-se, e a expandir suas raízes entre as fendas das pedras do muro. Elas se alargaram e lançaram os ramos fora de sua cavidade, os quais em pouco tempo se elevaram sobre a construção do campanário encorpando as retorcidas raízes. Deste modo, começou a abrir o muro e a expulsar as antigas pedras de seus velhos lugares.

O muro então, tardiamente e em vão, chorou a causa de seu dano, e em breve abrindo-se, arruinou grande parte de seus membros.

A MACACA E O PASSARINHO

Encontrando a jovem macaca um ninho de pequenos pássaros, toda alegre aproximou-se deles. Como os filhotes estavam já prestes a voar, ela só pode apanhar o menor. Plena de contentamento por tê-lo na mão, voltou ao seu abrigo. Olhando com atenção o pequenino passarinho, começou a beijá-lo e pelo excessivo amor que a ele dedicou, tanto o beijou, revolveu e apertou, que ela acabou por tirar-lhe a vida.

Esta fábula foi escrita para aqueles que acabam mal por não castigarem os filhos.

O SALGUEIRO, A PEGA E AS SEMENTES DE ABÓBORAS

O infeliz salgueiro, percebendo que não podia desfrutar do prazer de ver seus delicados ramos serem conduzidos à desejada grandeza e se dirigirem ao céu, por causa da existência de uma planta que lhe era próxima, encontrava-se sempre estropiado, despojado de seus ramos e arruinado. Acolheu então junto a si todos os espíritos e com eles abriu as portas de sua imaginação. Estando em contínua meditação e tendo cogitado o universo das plantas, buscando entre elas alguma com a qual pudesse se unir, sem que lhe fosse exigida a ajuda de seus liames, permaneceu um certo tempo nesta fértil imaginação, e então com súbito acometimento ocorreu-lhe no pensamento a abóbora.

Sacudiu todos os seus ramos com grande alegria, parecendo-lhe ter encontrado a companhia certa para o seu desejado propósito, pois a abóbora está mais apta a unir os outros do que ser ela própria ligada a qualquer planta por algum vínculo, e tendo tomado tal decisão, ergueu os seus ramos em direção ao céu. Assim, considerou esperar algum amigável pássaro, que lhe fosse mediador para realizar tal desejo. Entre eles, viu próximo a si uma pega e falou em sua direção:

– Ó, gentil pássaro, eu te rogo por aquela proteção que naqueles dias pela manhã sobre meus ramos encontraste, quando o esfomeado, cruel e rapinante falcão queria te devorar. Pelos longos repousos que sobre mim fizeste, quando as tuas asas a ti pediram descanso e por aqueles prazeres que, entre meus ramos sentiste, ao divertir-se com as tuas companheiras nos teus amores. Eu te suplico que tu encontres a abóbora e implore a ela uma certa quantidade de suas sementes. Dize-lhes que, tão logo nasçam, eu as tratarei de modo não diverso, como se tivessem sido geradas em meu próprio corpo. Usa semelhantemente todas tuas palavras com igual intenção persuasiva, se bem que, para alguém como tu, mestra de linguagem, não há necessidade de tal ensinamento. E se isto fizeres, estarei contente em receber o nascimento de tua ninhada em meus ramos, podendo permanecer junto a tua família, sem o pagamento de renda alguma.

Então a pega, tendo feito e firmado uns tantos novos capítulos com o salgueiro, e principalmente porque cobras ou furões jamais aceitariam um acordo semelhante para com ela, ergueu a cauda, abaixou a cabeça e arremessou-se do ramo, restituindo peso às suas asas. E estas, batendo sobre o ar fugidio, ora aqui, ora acolá, com o leme da cauda levantando-se curiosamente, alcançou uma abóbora; com bela saudação e umas poucas boas palavras, impetrou as requeridas sementes.

Conduziu-as ao salgueiro, que as recebeu com alegre semblante. A pega então desbastou com as garras um pouco do terreno próximo ao salgueiro e, com o bico, plantou os grãos em suas cercanias. Tais sementes cresceram num curto espaço de tempo; com esse desenvolvimento, começaram a ramificar-se, a ocupar todos os ramos do salgueiro com suas grandes folhas, e a tirar-lhe a beleza do sol e do céu. E não bastando tão grande mal, seguindo a direção das abóboras, principiaram pelo excessivo peso, a puxar os cumes dos tenros ramos do salgueiro em direção à terra, infligindo-lhes sofrimento e demonstrando desapreço por eles.

O salgueiro, então, sacudiu-se e agitou-se em vão para fazer com que as abóboras caíssem de seu tronco, e inutilmente delirou por alguns dias, dando-se conta de semelhante engano, uma vez que seu pensamento negava aquilo que acreditara ser uma boa e sólida união.

Assim, vendo passar o vento, dirigiu-se a ele e pediu que soprasse forte. O vento, então, soprou com tal energia, que abriu o velho e vazio caule do salgueiro no meio até suas raízes, o qual, caído em duas partes, inutilmente chorou por si mesmo, e reconheceu que havia nascido para não ter boa fortuna.

A CHAMA E A VELA

As chamas já duravam um mês na fornalha dos recipientes de vidro. Ao verem aproximar-se de si uma vela em um belo e lustroso castiçal, com grande desejo forçaram-se a se encostar nele. Uma das chamas resolveu deixar o seu curso natural; moveu-se por dentro de um vazio tição que a nutria e saiu pela abertura oposta de uma pequena fissura para chegar até a vela, que estava perto. Arremessou-se e com suprema gula e voracidade devorou-a, de modo a consumi-la quase que ao seu fim. Querendo preservar o prolongamento de sua vida, em vão tentou retornar à fornalha de onde tinha partido, uma vez que foi obrigada a morrer e perecer junto com a vela.

Ao fim, com pranto e arrependimento, a chama se converteu numa incômoda fumaça, enquanto todas suas irmãs continuaram numa resplandecente beleza e longa vida.

O VINHO DE MAOMÉ

Encontrando-se o vinho, divino licor da uva, em um áureo e rico cálice sobre a mesa de Maomé, e envaidecido em glória por tão grande honra, súbito foi acometido por uma nefasta cogitação, dizendo a si mesmo:

– Que faço eu? Do que me alegro? Será que não me dou conta de que estou próximo de minha morte e de deixar a áurea habitação do cálice, para adentrar as repugnantes e fétidas cavernas do corpo humano e ali transmutar-me de aromático e suave licor, em desagradável e imunda urina? E não bastando tão grande mal, deverei assim longamente jazer dentro de repulsivos receptáculos com outra fétida e deteriorada matéria saída dos interiores humanos?

Gritou assim em direção ao céu, pedindo vingança por tanto dano, e que se pusesse agora fim a tão grande desapreço, pois que aquela região produzia as mais belas e melhores uvas de todo o mundo, que ao menos elas não fossem em vinho conduzidas. Então Júpiter fez com que o vinho bebido por Maomé elevasse sua alma em direção ao cérebro de modo a corrompê-lo, fazendo-o tornar-se desequilibrado; permanecendo em tal estado, ele cometeu tantos erros que, quando voltou a si, criou uma lei para que nenhum asiático bebesse vinho. E foram, pois, deixadas livres as vinhas com seus doces frutos.

O CAMUNDONGO, A DONINHA E A GATA

Estando o camundongo assediado em sua pequena habitação pela doninha, que, com contínua vigilância aguardava a sua derrocada, por um pequeno respiradouro observava seu grande perigo. No entanto, chegou uma gata que súbito prendeu a doninha e imediatamente a devorou.

O camundongo que havia feito um sacrifício a Júpiter, renunciando a uma certa quantidade de suas avelãs, agradeceu sumamente a sua divindade. Saiu de seu buraco a fim de possuir a já perdida liberdade, porém, foi repentinamente privado tanto da liberdade que almejava como de sua vida, pois foi pego pelas ferozes garras e dentes da gata.

O SOBERBO CEDRO

O cedro, envaidecido por sua beleza, desprezava as plantas que permaneciam em torno de si e fez com que se retirassem de sua frente. Então, soprou um forte vento, que por não ter sido interrompido, lançou-o por terra e o arrancou pela raiz.

A FORMIGA E O GRÃO DE MILHO

Tendo a formiga encontrado um grão de milho, este, ao sentir-se aprisionado por ela, gritou:

— Se me deres o grande prazer de deixar-me desfrutar meu desejo de nascer, eu te restituirei cem vezes mais de mim mesmo.

E assim foi feito!

A ARANHA E O CACHO DE UVA

Tendo encontrado a aranha um cacho de uvas, que por sua doçura era muito visitado por aves e diversas qualidades de moscas, pareceu-lhe ter descoberto um lugar muito cômodo para preparar o seu ardil. Descendo por um de seus finíssimos fios, e tendo entrado em sua nova habitação, ali todo dia, adaptando-se aos respiradouros criados pelos intervalos dos bagos de uvas, atacava como ladrão os infelizes animais, que não podiam se defender dela.

No entanto, passados alguns poucos dias, o vindimador colheu aquela uva colocando-a junto com as outras, e a aranha, em conseqüência, foi apanhada com ela.

E, assim, a uva acabou por se tornar uma armadilha e engano para a ludibriada aranha, tanto quanto ela havia sido para com as enganadas moscas.

A CLEMATITE

A clematite, não estando contente em sua sebe, começou a ultrapassar com seus ramos a estrada da aldeia, e apegar-se à sebe oposta. Tanto fez que foi pelos viandantes cruelmente despedaçada.

O ASNO E O GELO

Adormecendo o asno sobre o gelo de um profundo lago, seu calor o dissolveu. Então o asno despertou sob a água e malgrado seu, subitamente afogou-se.

A HUMILDE NEVE

Encontrando-se uma pequena quantidade de neve suspensa na parte mais alta de uma pedra, que estava situada sobre a extrema altitude de uma altíssima montanha, absorta em si, começou a refletir com sua imaginação, e consigo mesma a dizer:

— Ora, não deveria eu julgar-me altiva e soberba, por ter-me, pequenina dracma de neve, posta em tão alto lugar, e permitir que uma quantidade tão grande de neve, quanto daqui posso observar, esteja abaixo de mim? É certo que minha escassa porção não mereça esta altura, porque bem posso, por testemunho de minha modesta figura, reconhecer aquilo que o sol fez ontem às minhas companheiras, as quais em poucas horas por ele foram desfeitas; e isso sobreveio por terem sido colocadas mais alto do que a elas se requereria. Gostaria de fugir da ira do sol, mover-me de cima para baixo, e encontrar um lugar conveniente à minha pequena quantidade.

Então, arremessando-se para baixo, começou a descer e rolou pelas altas encostas por cima de outras porções de neve. Quanto mais procurou lugar abaixo, mais cresceu seu tamanho, de modo que, terminado o seu curso sobre uma colina, descobriu-se de não menor grandeza do que aquelas as quais sustentara. E foi a última que naquele verão foi desfeita pelo sol.

Esta fábula foi escrita para aqueles que se humilham, porque serão exaltados.

O FALCÃO IMPACIENTE

O falcão, não podendo tolerar com paciência o esconder de uma pata que se lhe escapava adiante por mergulhar na água, pretendeu como ela imergir para persegui-la. Ocorreu porém que, ao banhar suas penas, ficou impossibilitado de voar, permanecendo preso na água, e a pata que perseguia, tendo se elevado ao ar, escarneceu do falcão que afogava.

A ARANHA E O ZANGÃO

Querendo apanhar a mosca com suas falsas redes, a aranha foi cruelmente morta pelo zangão em sua própria armadilha.

A ÁGUIA E O MOCHO

Querendo a águia escarnecer do mocho, permaneceu com as asas enredadas junto ao corpo, e foi assim, pelo homem, presa e morta.

O CEDRO AMBICIOSO

O cedro, desejoso de produzir um belo e grande fruto na parte mais alta de si, pôs-se à realização de sua vontade, empenhando-se com todas as forças de sua natureza. Porém, o fruto, quando crescido, tornou-se a causa de seu declínio, pois o obrigou a inclinar seu elevado e reto cume.

O PESSEGUEIRO INVEJOSO

O pessegueiro, tendo inveja da grande quantidade de frutos que via produzir sua vizinha, a nogueira, decidiu fazer o mesmo. Encarregou-se de gerar os seus próprios, de tal modo que o peso dos frutos atirou-o por terra, acabando por deixar-lhe destruído e sem raízes.

A NOZ E OS VIANDANTES

A nogueira mostrava a riqueza de seus frutos aos viandantes que passavam numa estrada. Por conseqüência, todo homem a dilapidava.

A FIGUEIRA

Estando a figueira sem frutos, ninguém a admirava. Ansiou produzir seus frutos e ser louvada pelos homens. Vendo seu desejo realizado, foi no entanto, por eles, arqueada e destruída.

A FIGUEIRA E O OLMO

Estando a figueira próxima ao olmo, e observando que além de seus ramos estarem sem frutos, ele ainda tinha a ousadia de impedir que o sol alcançasse seus acerbos figos, com repreensão disse:

— Ó olmo, não tens tu vergonha de permanecer na minha frente? Aguarda pois que os meus filhos estejam em idade madura, e verás onde te encontrarás!

Porém, quando os filhos ficaram amadurecidos, chegou até ali de improviso uma esquadra de soldados, e para subtrair-lhe os seus figos, a figueira foi por eles dilacerada, despojada de seus ramos e destruída. Ao vê-la assim toda estropiada de seus membros, o olmo replicou:

— Ó figueira, como era melhor quando estavas sem seus filhos! Agora, por causa deles, a que miserável estado chegaste!

O FOGO SOBERBO E O CALDEIRÃO

Um pouco de fogo havia sobrado num pequeno carvão entre as tépidas cinzas e pelo escasso humor que nele restava, avara e pobremente a si mesmo nutria, quando a cozinheira ali apareceu para utilizá-lo no seu comum ofício alimentar. Colocou as lenhas no braseiro e com o acendedor de pau ressuscitou o fogo já quase extinto, que não era mais do que uma pequena chamazinha que foi logo apreendida entre as ordenadas lenhas. E tendo colocado sobre ele o caldeirão, sem qualquer outra hesitação partiu dali seguramente.

Então, alegrando-se o fogo pelas lenhas secas postas sobre si, passou a elevar-se e a expulsar o ar que circulava entre seus intervalos, entrelaçando-se por entre eles num galhofeiro e alegre movimento.

E, assim, ele começou a expirar para fora dos

espaços entre as lenhas, pelas deleitáveis aberturas que havia criado por si mesmo e a expelir acima das achas, reluzentes e resplandecentes chamazinhas. Subitamente, expulsou as obscuras trevas da cerrada cozinha. Plenas de alegria as chamas já crescidas divertiam-se na atmosfera ao redor, e com doce murmúrio, cantando produziam um suave estrépito. Tendo percebido que já havia crescido fortemente sobre as lenhas e se tornado bastante grande, o fogo transformou seu dócil e tranqüilo ânimo em uma presunçosa e insuportável soberba, fazendo a si mesmo acreditar que poderia atrair todo o superior elemento sobre as poucas lenhas.

Começou então a soprar, cobrindo de estalos e de cintilantes faíscas todo o espaço ao redor do braseiro. Já as chamas, tornando-se grossas, uniram-se em direção ao ar, quando de repente, as mais altivas percorreram o espaço e finalmente esbarraram no fundo do caldeirão superior.

A ÁGUA E O FOGO

O fogo fervia a água colocada na panela, dizendo-lhe que ela não merecia estar sobre ele, rei dos elementos, e assim, quis por força da fervura que a água fosse expelida da panela. Assim, para dar ao fogo a honra de obedecê-lo, escorreu para baixo e o apagou.

OS TORDOS E A CORUJA

Os tordos se alegraram fortemente ao ver que o homem havia prendido a coruja, tolhendo-lhe a liberdade ao amarrar suas garras com fortes liames. No entanto, a coruja foi, por intermédio de uma emboscada, a causa de fazer com que os tordos perdessem não somente sua liberdade, mas, a própria vida.

Esta fábula foi escrita para aquelas terras cujos povos se alegram ao ver outros mais poderosos do que eles perderem a liberdade, e por conseqüência, deixam de desfrutar de sua proteção para permanecerem submetidos ao poder de seu inimigo, renunciando assim à liberdade e muitas vezes à vida.

A PULGA E O CORDEIRO

Dormindo o cão sobre a pele de um cordeiro, uma de suas pulgas, ao sentir o odor da gordurosa lã, julgou que aquele deveria ser o lugar certo para uma vida melhor e mais segura do que os dentes e patas do cão, uma vez que ela se alimentava dele.

Sem outro pensamento, abandonou seu pêlo, e, penetrando na grossa lã, começou com suprema fadiga a querer transpassar as raízes até alcançar as peles.

Depois de muito esforço a pulga descobriu ter sido vã sua iniciativa, porque as peles eram tão espessas que quase se tangiam, não existindo ali espaço por onde a pulga pudesse degustá-las.

E então, após longo trabalho e fadiga, quis retornar para o seu cão, o qual tendo já partido, obrigou-a, com grande arrependimento, e amargos prantos, a morrer de fome.

A NAVALHA PRESUNÇOSA

Saindo um dia a navalha do cabo em que era feita sua própria bainha, e expondo-se ao sol, viu-o espelhar-se em seu corpo. Tal fato acometeu-a de suprema glória, e afastando-se do pensamento anterior, começou a falar consigo mesma:

— Ora, voltarei eu àquela barbearia, da qual acabei de sair? Certamente que não! Não agrada aos Deuses, que uma esplêndida beleza como a minha, caia em tão grande vileza de ânimo! Que insensatez seria a minha se me deixasse conduzir de volta para continuar a raspar as ensaboadas barbas de rústicos camponeses e a realizar tão mecânicas operações! Ora, é este um corpo para semelhantes exercícios? Certamente que não! Gostaria de me esconder em qualquer lugar oculto, e ali em tranqüilo repouso transcorrer minha vida.

E assim, escondida por uns poucos meses, um dia a navalha retornou ao ar livre, e ao sair de sua bainha, viu-se a si mesma semelhante a uma ferruginosa serra, e por conseqüência, sua superfície não mais espelhava o resplandecente brilho do sol. Com vão arrependimento, inutilmente chorou o irremediável prejuízo e disse consigo:

— Ó, quão melhor era exercitar com o barbeiro meu perdido corte de tão grande sutileza! Onde está a lustrosa superfície de meu corpo de outrora? Certamente a importuna e repugnante ferrugem lhe há consumido!

Isso é o que acontece com os engenhos, que em vez de entregar-se ao exercício, condenam-se ao ócio; os quais, à semelhança da mencionada navalha, perdem a sua cortante sutileza e a ferrugem da ignorância arruína sua forma.

A PEDRA DESCONTENTE DE SUA VIDA SOLITÁRIA

Uma pedra de bela grandeza foi pelas águas novamente descoberta. Permanecia elevada sobre um certo lugar, que delimitava o fim de um pequeno e agradável bosque e abaixo do qual havia uma pedregosa estrada. Tinha por companhia uma pequena relva, ornada com inúmeras flores de diversas cores. De seu lugar a enorme pedra contemplava a grande quantidade de pedrinhas que restavam na estrada abaixo de si. Veio-lhe então o desejo de lá embaixo deixar-se cair, dizendo consigo:

— Que faço aqui com esta relva? Queria viver na companhia de minhas irmãs!

E permitiu-se cair abaixo entre as desejadas companheiras, onde terminou seu inconstante curso. No pouco tempo em que ali estava, começou a ser, pelas rodas das carroças, pelas patas dos ferrados cavalos, e pés dos viandantes, a estar em contínuo trabalho. Havia quem a revolvia, outros a pisavam, alguma vez se lhe arrancavam algum pedaço, de vez em quando via-se coberta pela lama ou estrume de algum animal. De modo que, em vão, olhava em direção de onde havia partido, ansiando por voltar para o lugar de sua tranqüila e solitária paz.

Assim acontece àqueles que ao invés da vida solitária e contemplativa que desfrutam no campo, desejam vir a habitar nas cidades, entre os povos plenos de infinitos males.

A MARIPOSA E O LUME A ÓLEO

Andando a ornada mariposa num vôo inconstante, e movendo-se com grande rapidez pelo escuro ar, chegou-lhe à vista um lume, para o qual subitamente se dirigiu, e rodeando-o com vários círculos, maravilhou-se impetuosamente com tão esplêndida beleza. Porém, não estando contente só de contemplá-lo, colocou-se à frente do lume para brincar com ele, como costumava fazer com as perfumadas flores, e, direcionando seu vôo, com ousado ânimo, transpassou-o. Ele então consumiu as extremidades de suas asas, suas pernas e outros ornamentos. Ao cair ao pé do lume, a mariposa, estupefata, examinava como aquilo havia lhe ocorrido, não podendo entrar no seu ânimo como uma tão bela luz pudesse vir a causar mal ou dano algum. Tendo restaurado um tanto de suas extintas forças, retomou outro vôo, e, tendo passado novamente através do corpo daquele lume, súbito caiu queimada no óleo que ele nutria, e tendo-lhe restado somente um pequeno suspiro de vida, ela pôde considerar a causa de seu dano, dizendo:

— Ó maldita luz, eu acreditava ter em ti encontrado a minha felicidade! Choro porém inutilmente o meu leviano desejo, e com meu prejuízo, reconheço a tua consumidora e danosa natureza!

Ao que o lume respondeu:

— Assim faço eu, a quem bem não me sabe usar!

Esta fábula foi escrita para aqueles que, ao se verem diante de lascivos e mundanos prazeres, correm em sua direção, à semelhança da mariposa, sem considerar sua natureza. Porém, esses homens somente os conhecerão de fato após usufruírem-nos por longo tempo e quando já forem tomados pela vergonha e prejuízo.

A PEDRA IGNÍFERA E O FUZIL

A pedra, sendo friccionada pelo fuzil do fogo, assombrou-se fortemente e com áspera voz disse àquele:

— Que presunção te moves a dar-me fadiga? Não me causa preocupação, porque tu me tomaste por outro e eu não desagradei a ninguém!

O fuzil então respondeu:

— Se fores paciente, verás que maravilhoso fruto sairá de ti!

Assim, ao ouvir tais palavras e tendo ficado em paz, a pedra, com paciência, resistiu valente ao martírio e viu nascer de si o extraordinário fogo, o qual, com sua virtude, operava em infinitas coisas.

Esta fábula foi escrita para aqueles que se apavoram no princípio dos estudos, porém, ao se disporem poder comandá-los, fazendo com paciência uma obra contínua desses estudos, observarão que por meio deles é possível obter resultados de maravilhosas demonstrações.

A ARANHA E O BURACO DA FECHADURA

A aranha, acreditando encontrar descanso no buraco da fechadura, acabou por afrontar a morte.

O LÍRIO E A CORRENTE DO RIO

O lírio pôs-se sobre a margem do Ticino. Veio a forte corrente e levou embora a margem do rio, e com ela juntamente foi-se o lírio.

A OSTRA E O RATO

Sendo a ostra descarregada junto a outros peixes na casa do pescador e próximo ao mar, suplicou ao rato que a conduzisse de volta a ele. O rato, demonstrando desejo de devorá-la, fez com que ela se abrisse. Ao mordê-la, ela lhe encerrou a cabeça em sua concha, e assim o manteve retido. Veio então uma gata e o matou.

O CAMPONÊS E A VIDEIRA

Vendo o camponês a utilidade que resultava da videira, deu-lhe sustentação para mantê-la no alto. Assim que colheu os frutos, levou as varas embora e a videira abandonou, deixando-a cair, e fazendo enfim, fogo de seus sustentáculos.

O CARANGUEJO E O PEIXES

O caranguejo permanecia sob a pedra para apanhar os peixes que ali entravam. Veio a enchente que ocasionou uma impetuosa precipitação de pedras e ao rolar, elas por fim o esmagaram.

A VIDEIRA E A VELHA ÁRVORE

A videira, envelhecida sobre a velha árvore, precipitou-se junto com ela em sua destruição. Por ter estado em má companhia, com ela se extinguiu.

A TORRENTE IRREQUIETA

A torrente levou tanto de terra e pedras em seu leito, que foi constrangida a mudar de lugar.

O SALGUEIRO E A VIDEIRA

Devido as suas longas germinações o salgueiro cresce para ultrapassar toda outra planta ao seu redor. No entanto, por ter feito companhia à videira, que todo ano deve ser podada, permaneceu ele também sempre estropiado.

A PENITÊNCIA DA ÁGUA

Encontrando-se a água no soberbo mar, seu elemento, veio-lhe a vontade de ascender à atmosfera, e, encorajada pelo elemento fogo, elevou-se em tão leve vapor, que quase se assemelhou à própria sutileza do ar. E, tendo subido ao alto, alcançou o ar mais fino e frio, onde foi abandonada pelo fogo. Ali juntou-se a outras pequeninas partículas que já estavam condensadas; todas então se uniram, tornaram-se pesadas e caíram do céu. Ao cair, a soberba da água converteu-se em fuga, pois foi absorvida pela terra seca, onde por longo tempo ficou encarcerada, fazendo-lhe padecer assim a penitência de seu pecado.

A TINTA DESPREZADA EM SEU NEGROR PELA BRANCURA DO PAPEL, QUE POR ELA VIU-SE MANCHADO

Vendo-se o papel todo manchado pelo escuro negror da tinta, lamentou-se a ela por isso. A tinta, mostrou-lhe então que a causa de sua conservação encontrava-se justamente nas palavras escritas, compostas por ela sobre sua superfície.

O ESPELHO E A RAINHA

O espelho vangloriava-se fortemente ao ter dentro de si espelhada a imagem da rainha. Mas quando ela partiu deixando-o só, ele voltou a sentir-se desprezível.

O FERRO E A LIMA

O pesado ferro se reduz em tão grande sutileza mediante a lima, que um pequeno vento o leva embora.

AFORISMOS

AFORISMOS SOBRE O HOMEM E A MORAL

1. Quem não estima a vida, não a merece.
2. O vazio nasce quando morre a esperança.
3. A vida bem empregada longa é.
4. Raramente cai quem bem caminha.
5. Horácio: "Deus nos vende todos os bens pelo preço da fadiga".
6. Não se pode ter maior nem menor autoridade do que a de si mesmo.
7. Onde há liberdade não há regra.
8. Nada nos engana mais do que nosso próprio juízo.
9. A memória do bem realizado é frágil, quando em confronto com a ingratidão.
10. Repreende o amigo em segredo e louva-o em público.
11. Pede conselho a quem bem corrige a si mesmo.
12. Não se deve desejar o impossível.

13. Constância: não quem começa, mas aquele que persevera.

14. Quem teme os perigos, não perece com eles.

15. Não sejas mentiroso pelos fatos do tempo transcorrido.

16. A mentira veste máscara.

17. Nada se oculta sob o sol.

18. Assim como uma jornada bem empregada propicia um agradável dormir, do mesmo modo, uma vida bem vivida propicia um tranqüilo morrer.

19. Quando eu acreditava ter aprendido a viver, na verdade, estava aprendendo a morrer.

20. Conquista algo em tua juventude que restaure o infortúnio de tua velhice. E se tu compreenderes que a velhice tem por seu alimento a sabedoria, emprega-a de tal modo na juventude, que na velhice não te falte este nutrimento.

21. A inveja ofende com a simulada infâmia, isto é, com a difamação que perturba a virtude.

22. Tu cresces em reputação, como o pão na mão das crianças.

23. A fadiga se esvai oculta, com a reputação nos braços.

24. Nada deve-se temer mais do que a má reputação, que tem sua origem nos vícios.

25. A boa reputação voa e se eleva ao céu, porque as coisas virtuosas são amigas de Deus. A infâmia, pelo contrário, tem que causar impressão, porque todas suas realizações são contrárias a Deus e somente aos inferiores se dirigem.

26. O muro cai em cima de quem lhe remove a base.

27. A planta se desforra daquele que a corta, causando-lhe a ruína.

28. A morte exime o traidor, mas, mesmo que ele se valha de uma lealdade, ela jamais lhe será creditada.

29. Justiça requer poder, inteligência e vontade, e se assemelha ao rei das aves.

30. Quem não pune o mal, induz a realizá-lo.

31. A cobra morde quem lhe prende pela cauda.

32. O fosso se precipita por cima de quem o escava.

33. Quem não refreia a sua volúpia, as bestas tem por companhia.

34. Quem pouco pensa, muito erra.

35. Mais facilmente pode-se contestar no princípio do que no fim.

36. Nenhum conselho é mais leal do que aquele que se dá quando as naus estão em perigo.

37. Mau discípulo é aquele que não supera o mestre.

38. Analisa bem o final. Observa primeiro como ele se conclui.

39. Aguarde infortúnio daquele que se fizer reger por um jovem num conselho.

40. Todo infortúnio causa desgosto ao ser lembrado, salvo pela suprema perda que é a morte, a qual aniquila a recordação junto com a vida.

41. Quem tem tempo e pelo tempo aguarda, perde o amigo e moedas jamais terá.

42. Quem asno é, cervo acredita-se que será...

43. A suprema felicidade será causa maior da infelicidade, e a perfeição da sabedoria, razão da estultícia.

44. Assim como a audácia representa perigo de vida, do mesmo modo o medo é a sua segurança.

45. As ameaças são armas somente do ameaçado.

46. Onde entra a boa fortuna, a inveja a assedia e a combate, e quando ela se distancia, deixa em seu lugar somente dor e amargura.

47. Ordenar é obra senhoril, executar é ato servil.

48. A idade que voa move-se de modo oculto e engana aos outros. Nada é mais veloz do que os anos e quem semeia virtude, boa fama colhe.

49. Quando eu representei o Senhor Deus criança, vós me pusestes no cárcere, agora, se eu o representar adulto, vós me fareis pior.

50. Os instrumentos dos trapaceiros são a semente das blasfêmias humanas contra os deuses.

51. A paixão da alma expulsa a luxúria.

52. Aristóteles disse no livro terceiro da Ética que o homem é digno de louvor e censura somente com relação àquelas coisas que estão em seu poder realizar ou não realizar.

53. O solitário é quem se salva.

54. Onde há mais sentimento, ali mais se sente. Portanto, nos mártires, maior é o martírio.

55. A estultícia é escudo da vergonha, assim como o descaramento o é da pobreza.

56. Os frades fariseus, santos querem ser denominados.

57. A verdade é filha unicamente do tempo.

58. Tanto há de bom para dizer sobre um homem mau, quanto a falar mal de um homem bom.

59. E este homem tem uma suprema insensatez, sempre padece para não sofrer, e a vida se lhe foge sob a esperança de gozar os bens adquiridos com extrema fadiga.

60. Eu vos obedeço Senhor, primeiro pelo justo amor que vos devo consagrar e, segundo, porque vós sabeis abreviar ou prolongar as vidas dos homens.

61. Quem quiser ser rico em um dia, será enforcado em um ano.

62. Quem aos outros ofende, não atesta a si mesmo.

63. O medo nasce primeiro do que qualquer outra coisa.

64. Quem doa, não doa sua própria libré.

65. Se tu tivesses o corpo segundo a virtude, tu não caberias neste mundo.

66. Nosso corpo é submetido ao céu, e o céu, ao espírito.

67. Aqui se conserva a essência da qual se revestiu a virtuosa alma de tal poeta.

68. É mais difícil compreender as obras da natureza do que o livro de um poeta.

69. Os homens têm grande raciocínio, do qual a maior parte é vã e falsa; os animais, por sua

vez, o têm em pequeno tamanho, porém é útil e verdadeiro; e melhor é a pequena certeza, do que a grande mentira.

70. Não prometas a ti mesmo coisas que não puderes realizar, porque ao perceberes não poder concretizá-las, isso causar-te-á sofrimento.

71. Quem é néscio por natureza e sábio por eventualidade, ao se expressar ou fazer algo de modo espontâneo, nunca deixará de parecer néscio, demonstrando ser sábio apenas casualmente.

72. Comparação da paciência. A paciência reage às injúrias, não diferente de como fazem as roupas contra o frio, pois se multiplicares as roupas conforme o aumento do frio, ele não poderá te prejudicar. De modo semelhante às grandes injúrias, deixa crescer a paciência e elas não poderão ofender a tua mente.

73. Não nos faltam modos nem caminhos para dividir e mensurar estes nossos míseros dias, que nos devem ser mais agradáveis por volta das nonas,[1] quando podemos bem empregá-las, ao invés de transpô-las em vão, sem qualquer louvor ou sem deixar de nós alguma memória nas mentes dos mortais; a fim de que este nosso miserável percurso não transcorra inutilmente.

---

[1] Na divisão do tempo, de acordo com os antigos Romanos, a nona hora do dia, contando-se a partir das seis da manhã, corresponde cerca de três horas da tarde. [N. da T.]

74. Não se denomina riqueza àquela que se pode perder. A virtude é o nosso verdadeiro bem e o maior prêmio daquele que a possuir. Não se pode perdê-la, e ela jamais nos abandona, se a vida não nos deixar primeiro. Considera sempre as roupas e abundâncias externas com temor, porque quem as tiver, após perder suas possessões, com freqüência será tratado com escárnio e zombaria.

75. Sei bem que, por não ser eu letrado, parecerá a algum presunçoso ter a liberdade de censurar-me com razão, alegando ser eu um homem sem estudos. Gente estulta! Não sabem estes tais que poderei responder, assim como Mário o fez contra os patrícios romanos, dizendo: "Àqueles que ornam a si mesmos com o trabalho de outros, porque não fazem concessão às minhas próprias fadigas?"

    Dirão que, por não ter eu estudos, não poderei manifestar apropriadamente as coisas das quais quero tratar. Ora, não sabem estes que as minhas investigações são extraídas unicamente da experiência, e não das palavras criadas por outros! Que a experiência foi sempre mestra de quem bem escreveu, e assim como eles, por mestra eu a tomarei, e a ela em todos os casos recorrerei.

76. Sem razão lamentam-se os homens pela fuga do tempo, culpando-o por sua demasiada velo-

cidade, não se apercebendo de que sua duração nos é o bastante, mas a boa memória de que a natureza nos dotou faz com que todas as coisas que tenham passado há longo tempo nos pareçam ser ainda recentes.

77. A aquisição de qualquer conhecimento é sempre útil ao intelecto, porque poderá afastar de ti as coisas inúteis, e te reservar somente as boas. Pois, nada pode-se amar nem odiar, se primeiro não se tiver conhecimento dela.

78. Aos ambiciosos, que não se contentam do benefício da vida, nem com a beleza do mundo, é-lhes dado por penitência afligirem-se em sua existência, de modo que não possam desfrutar da utilidade nem da beleza do mundo.

79. Cornélio Celso: O supremo bem é a sabedoria, o extremo mal, a dor do corpo. Pois, uma vez sendo nós compostos das duas coisas, alma e corpo, a primeira é melhor, a segunda, pior. A sabedoria é a melhor parte e o extremo mal pertence à pior, à péssima. A sabedoria da alma é uma coisa excelente, do mesmo modo como a dor no corpo é algo péssimo. Portanto, assim como o extremo mal é a dor corporal, igualmente, a sabedoria é da alma, o supremo bem, isto é, pertence ao homem sábio, e nada há que se compare a ela.

80. Demétrio costumava dizer não haver diferença entre as palavras e vozes dos ineptos ignorantes e os sons e estrépitos causados pelo ventre repleto de supérfluo vento. E não o dizia sem motivo, pois ele não julgava haver diferença entre a parte através da qual eles emitiam a voz, fossem pelas partes inferiores ou pela boca, uma vez que uma e outra lhe eram iguais em valor e substância.

81. Sempre que palavras não satisfizerem a audição do ouvinte, causar-lhe-ão tédio ou aborrecimento. Tu perceberás o indício deste fato quando muitas vezes tais ouvintes bocejarem copiosamente. Portanto, ao falares perante homens dos quais procuras benevolência, e apercebendo-se dessas manifestações de desagrado, abrevia teu discurso ou muda tua argumentação. Porque se fizeres o contrário, então, em lugar da almejada graça, tu conquistarás ódio e inimizade. E se perceberes durante esse palavrear que alguém possa se deleitar sem se quer tê-lo ouvido falar, conversa com ele mudando para diferentes argumentos; se vires que ele se mantém atento, sem bocejos ou contorções de sobrancelha ou qualquer outra ação, estejas certo de que o tema do qual se fala é o que mais lhe agrada etc.

82. O homem e os animais são própria passagem e conduto de alimento, sepulcro de animais, al-

bergue de mortos, fazendo de sua vida com a morte de outrem um recipiente de decomposição.

83. Eis alguns que não devem ser denominados por outro nome senão passagem de alimento, produtores de esterco, e enchedores de latrinas, pois não têm qualquer objetivo no mundo, e nenhuma virtude colocam em obra; uma vez que deles nada resta além do que latrinas cheias.

84. É tão desprezível a mentira, que se ela bem pronunciasse elevadas coisas sobre Deus, ela lhe arrebataria de graça sua divindade; e é de tão grande excelência a verdade, que se louvasse coisas mínimas, seria capaz de enobrecê-las.

    Sem dúvida tal proporção é da verdade à mentira, quanto é da luz às trevas, e essa verdade em si é de tão grande excelência que, embora ela se estenda sobre as singelas e inferiores matérias, sem comparação ela excede as incertezas e mentiras difundidas sobre os magnos e altíssimos discursos. Porque nossa mente, ainda que ela tenha a mentira por quinto elemento, não resta porém, mais do que a verdade das coisas que é o supremo alimento de refinados intelectos, mas não de preguiçosos engenhos.

    Mas tu que vives de sonhos, a ti, te agradas mais as razões sofistas e os ardis daqueles que te falam sobre coisas grandes e incertas, do que outros que te dizem coisas corretas, naturais, porém de menor importância.

85. Não me parece que homens grosseiros, de maus costumes e de pouco raciocínio sejam dignos de tão belo instrumento, nem tamanha variedade de mecanismos, quanto os homens especulativos e de elevada argumentação. Merecem ser apenas um saco, para a entrada do alimento e por onde ele saia, pois não devem ser considerados de outra forma senão por serem passagem de alimento. Não me parece que façam parte da espécie humana, exceto por possuírem voz e figura, porque com relação a todo o resto são tão destituídos quanto uma besta.

86. Muitos fizeram negócio com fraudes e milagres fingidos, enganando a estúpida multidão, e se alguém por ventura revelar-se conhecedor desses ardis, acabará por ser punido.

87. Assim como o ferro enferruja-se sem exercício e a água apodrece ou congela-se no frio, do mesmo modo o engenho sem exercício se deteriora.

88. Assim como todo reino quando desmembrado é dissolvido, do mesmo modo, todo engenho dividido em diferentes estudos confunde-se e se enfraquece.

89. Todo homem deseja fazer capital para dar aos médicos, destruidores de vidas. Devem eles terem enriquecido muito.

90. Todos os animais se debilitam, preenchendo o ar de lamentações, as florestas são arruinadas e as montanhas abertas para se lhes extirpar os metais formados. Mas que poderei eu dizer sobre algo mais iníquo do que homens que elevam louvores ao céu para aqueles que com mais ardor prejudicaram a pátria e a espécie humana?

91. Deveriam ser bem considerados e não de modo diferente reputados os inventores e intérpretes entre a natureza e os homens, se os compararmos aos recitadores e trovadores das obras de outrem. Tanto quanto deve ser cotejado o objeto que está fora do espelho à similitude de sua aparência dentro dele, uma vez que, um por si é algo verdadeiro e o outro não é nada. Gente pouco reconhecida à natureza e que está vestida apenas acidentalmente, porque se não o estivesse, eu poderia vê-la acompanhando os rebanhos das bestas!

92. Tendo um cérebro reencontrado o espírito do qual havia partido, dirigiu-lhe tais palavras:

– Ó feliz e bem-aventurado espírito, que de mim partistes! A malgrado meu, conheci bem este homem. Foi refúgio de vilania, própria munição de suprema ingratidão, viveu em companhia de todos os vícios.

Mas o que quero eu afatigando-me em vão com tais palavras? A soma dos pecados se agregaram somente nele. E se existiu algum entre os homens que tenha possuído alguma bondade, não foi tratado pelos outros diferentemente do que ele foi. De modo que, com efeito, cheguei à seguinte conclusão: que é ruim ser amigo dos homens, mas pior é ser-lhes inimigo. (E se existir em algum homem discrição e bondade, não serás tratado por outros de modo contrário ao que fui. É ruim se eles te forem familiares, mas pior se deles tu estiveres distante.)

AFORISMOS SOBRE A NATUREZA*

1. Esta benigna natureza te provê de todos os modos, uma vez que, em todo o mundo tu encontras por onde imitá-la.

2. Cada parte de cada uma das coisas conserva em si o todo da natureza.

3. Toda ação feita pela natureza não pode ser realizada de outro modo, com maior brevidade, senão com seus próprios meios.

---

*Os aforismos que se seguem abrangem uma gama eclética de temas relacionados ao mundo da natureza. Incluem reflexões sobre o universo, o funcionamento do corpo humano, os comportamentos do homem e também os fenômenos naturais. [N. da T.]

4. Dadas as causas, a natureza gera seus efeitos tão breve quanto possa realizá-los.

5. A natureza compõe-se primeiro da grandeza da casa do intelecto, o cérebro, e depois daquela dos princípios vitais, o tórax.

6. Não se pode abreviar nenhuma ação natural.

7. Todas as coisas mudam com o tempo.

8. Aquilo que não tem um termo, por conseqüência não tem figura alguma.

9. Quatro são as potências: memória, intelecto, lascívia, concupiscência. As duas primeiras são racionais, as outras, sensuais. Dos cinco sentidos, visão, audição, olfato são de pouca proibição, o tato e o gosto, não. O olfato conduz consigo o gosto no cão e outros animais glutões.

10. Todas as potências espirituais, quanto mais se distanciam de sua primeira ou segunda causa criadora, mais ocupam lugar e diminuem sua validade.

11. Os sentidos são terrestres, a razão encontra-se fora deles quando os contempla.

12. Todo nosso conhecimento tem seu princípio nos sentidos.

13. O objeto dá impulso ao sentido.

14. O movimento é a causa de toda vida.

15. Toda ação necessita do movimento para se exercitar.

16. Conhecer e querer são duas operações humanas.

17. Discernir, julgar e aconselhar são atos humanos.

18. O nosso corpo está sujeito ao céu e o céu é submetido ao espírito.

19. O movimento de uma parte de terra contra si própria comprime-a, porém, pouco consegue movê-la. Por sua vez, a água que bate em si mesma faz círculos em torno do local atingido. Por longa distância a voz vibra entre o ar. Em maior extensão ela vibra entre o fogo. Mais longe vai a mente pelo universo. Porém, como a mente é limitada, não se estende por todo o infinito.

20. Como o olho, o raio do sol e a mente são os movimentos mais rápidos que existem. Tão imediatamente os raios do sol despontam no oriente, súbito eles difundem sua radiação ao ocidente, os quais são compostos de três potências espirituais, isto é, luminosidade, calor e a espécie da forma que os gerou. Tão logo se abre, o olho contempla todas as estrelas do nosso hemisfério. A mente, por sua vez, salta em um

átimo do oriente ao ocidente, e todas as outras coisas espirituais, quando comparadas à velocidade desses elementos, são desiguais por longa extensão.

21. Pergunta-se se todos os infinitos são iguais, ou se um é maior do que o outro. Respondemos que todo infinito é eterno e as coisas eternas têm igual permanência, mas não em extensão de idade, porque aquilo que devido a uma causa qualquer começou a se dividir primeiro, passou por mais idades, a despeito de que os tempos do porvir sejam iguais.

22. O nosso juízo não avalia as coisas realizadas em vários espaços de tempo nas suas devidas e próprias distâncias, porque inúmeras coisas ocorridas há muitos anos parecerão próximas e iminentes ao presente, enquanto diversas outras recentes parecerão antigas, se as relacionarmos com nossa juventude já há muito tempo passada. Do mesmo modo acontece com o olho em relação às coisas distantes, as quais por serem iluminadas pelo sol parecem-lhe próximas, e muitas outras que estão perto, pelo contrário, parecer-lhe-ão distantes.

23. Todo homem sempre se encontra no meio do mundo, abaixo do meio de seu hemisfério e sobre o centro desse mundo.

24. A água que toca os rios é a última em relação àquela que se deslocou e a primeira que chega. Assim como é o tempo presente.

25. Comparação: Um vaso de argila crua que tenha se despedaçado pode-se restaurar, mas o cozido, não.

26. Assim como comer sem vontade é prejudicial à saúde, do mesmo modo, o estudo sem paixão arruína a memória e não retém coisa alguma que ela apreende.

27. Parece que, com muitos ou para muitos animais, a natureza portou-se mais como cruel madrasta do que mãe e para outros, ao invés de madrasta, foi mãe piedosa.

28. Ó tu que dormes, o que é o sono? O sono é similar à morte. Ó porque não concretizas tu portanto, uma tão grande obra para que depois a morte te tornes semelhante a um perfeito vivo? Uma vez que, quando em vida, tornas-te com o sono semelhante aos tristes mortos?

29. O linho é consagrado à morte e deterioração dos mortais: à morte, por causa dos laços e redes que dele são feitos para apanhar pássaros, animais e peixes; à deterioração, porque é através dos tecidos de linho que se envolvem os mortos que serão soterrados e neles decompostos. E ainda assim esse linho não se desprega

de seus ramos, antes de começar a macerar-se e arruinar-se, e é com ele que se deve coroar e ornar os ofícios funerais.

30. Façamos nossa vida com a morte de outrem. Na criatura morta resta vida sem sentidos, que reunida nos estômagos dos vivos readquire vida sensitiva e intelectiva.

31. O homem anseia compreender se a mulher cederá a sua luxúria, ao perceber que ela também o deseja, ele a procura e põe em obra sua vontade. Porém, não o saberá, se ela não admitir-lhe sua atração, e ao confessar-lhe, por fim ele a possuirá.

32. A luxúria é a causa da reprodução.

33. A gula é a manutenção da vida.

34. O medo ou temor é o prolongamento da vida.

35. A dor é o instrumento da salvação.

36. Move-se o amante pela coisa amada como o sentido com a sensibilidade, e consigo se unem e criam uma única coisa.

37. A obra é a primeira coisa que nasce da união.

38. Se a coisa amada é desprezível, o amante torna-se vil.

39. Quando a coisa unida é conveniente àquele com quem se une, segue-lhe deleite, prazer e satisfação.

40. Quando o amante é alcançado pelo amado, ali se repousa.

41. Quando o peso é pousado, ali se repousa.

42. O conhecimento é conhecido por meio de nosso intelecto.

43. A alma jamais se corrompe quando o corpo está em deterioração, porém, realiza nele o efeito semelhante ao que o vento causa no som de um órgão, quando um de seus tubos fica arruinado; pois tanto aquele som, quanto a alma não funcionarão perfeitamente, ao serem atingidos pelo vento.

44. Quem quiser compreender como a alma habita em seu corpo, observe atentamente como esse corpo faz uso de sua cotidiana habitação. Se ela estiver sem ordem e confusa, desordenado e confuso restará o corpo regido por esta alma.

45. Todo corpo é composto por membros e líquidos que são indispensáveis a sua manutenção. Esta necessidade é bem conhecida e a ele renovada pela alma que por tal forma de corpo o elegeu como sua habitação por um tempo.

46. Vide a contínua fricção com água que o peixe realiza por necessidade. Por sua alma, filha da natureza, foi provido a gerar pela porosidade que se encontra entre as suturas de suas escamas, certo suor viscoso, que dificultosamente espalha-se por seu organismo e tem a mesma função que realiza o betume com relação às naus.

AFORISMOS SOBRE A CIÊNCIA*

1. Denomina-se ciência o discurso mental que tem origem em seus princípios fundamentais. E em nenhuma outra coisa da natureza pode-se encontrar o que seja parte dessa ciência, senão na quantidade contínua, isto é, a ciência da geometria, que, começando pela superfície dos corpos, sabe-se ter origem na linha, término dessa superfície. E isso não nos satisfaz, porque nós conhecemos ter a linha seu término no ponto, e nenhuma outra coisa pode ser menor do que ele.

2. Nenhuma investigação humana pode-se demandar verdadeira ciência, se ela não passar por demonstrações matemáticas; e se tu disseres que as ciências, que principiam e findam na

---

*Entre os inúmeros apontamentos de Leonardo referindo-se à ciência, optamos nessa organização por excluir reflexões maiores e mais descritivas de procedimentos matemáticos, bem como todas que se digam respeito a processos científicos aplicados à pintura. [N. da T.]

mente, têm verdade, isto não se concede, mas se nega por muitas razões; primeiro, porque em tal discurso mental não ocorre experiência, sem a qual nada dá de si certeza.

3. Nenhuma certeza existe onde não se possa aplicar alguma das ciências matemáticas, ou então, que a elas não estejam unidas.

4. A Mecânica é o paraíso das ciências matemáticas, porque com ela se chega ao fruto matemático.

5. Não leia meus princípios quem não for matemático.

6. A ciência é o capitão e a prática, os soldados.

7. Ó estudiosos! Estudem as matemáticas, e não a construam sem fundamentos.

8. Evita o estudo cuja obra resultante pereça junto com quem a realiza.

9. Esquiva-te dos preceitos daqueles especuladores cujas razões não são confirmadas pela experiência.

10. Ó especulador das coisas! Não te louves de ter conhecimento das coisas que comumente a natureza conduz por si mesma. Mas alegra-te de conhecer a finalidade das que são desenhadas por vossa mente.

11. Digo ser conhecimento *mecânico*, aquele que origina-se da experiência. Conhecimento *científico*, o que nasce e termina na mente. E *semimecânico*, aquele que nasce da ciência e acaba na operação manual.

12. É necessário que descrevas primeiro a teoria e depois a prática. Assim, estuda primeiro a teoria, e depois siga-a na prática, que por ela tem origem.

13. Sobre o erro daqueles que utilizam-se da prática sem ciência: Aqueles que se enamoram da prática sem a ciência são como os timoneiros que adentram a nau sem leme ou bússola, uma vez que jamais têm a certeza para onde vão.

14. Todas as ciências que acabam em palavras têm morte rápida. Aquelas que têm vida, ancoram-se na prática, exceto pela parte manual e mecânica, que é a escrita.

15. Parece-me que ciências que sejam vãs e plenas de erros são aquelas que não nascem por meio da ciência, mãe de toda certeza, as quais não terminam em manifesta experiência, isto é, que sua origem, meio ou fim não passam por nenhum dos cinco sentidos.

16. As verdadeiras ciências são aquelas que a experiência fez com que se introduzissem no intelecto por meio dos sentidos, impondo silên-

cio à língua dos litigantes, porque elas não nutrem de sonhos seus investigadores, mas sempre procedem sucessivamente sobre os princípios elementares, que são verdadeiros e manifestos, dando-lhes seqüências até o fim. Como se denota nas primeiras matemáticas, isto é, número e medida, denominadas Aritmética e Geometria, que tratam com suprema verdade a quantidade descontínua e contínua.

17. Na ordem do processo da ciência, não se deve condenar a inserção de alguma regra geral nascida de uma conclusão pré-denominada.

18. Os impedimentos da verdade convertem-se em penitência.

19. A necessidade é mestra e tutora da natureza; é tema e sua inventora é freio e regra eterna.

20. O ouro em barras purifica-se no fogo.

21. A sabedoria é filha da experiência.

22. A natureza é plena de infinitas razões que jamais existiram como experiência.

23. Cada instrumento deve ser utilizado segundo a experiência da qual teve origem.

24. Antes de fazer deste caso uma regra geral, realiza com ele duas ou três vezes a mesma experiência, observando se elas produzirão sempre o mesmo efeito.

25. A experiência, intérprete entre a artificiosa natureza e a espécie humana, nos ensina o que essa natureza realiza com os mortais, impelida pela necessidade. E a experiência não pode efetuar nada de modo diferente que não seja proveniente da razão, cujo leme nos dá os ensinamentos.

26. Nenhum efeito existe na natureza sem razão. Compreenda-a e não te será necessária a experiência.

27. Quem nega a razão das coisas, manifesta a sua ignorância.

28. A experiência não falha jamais, falham somente os nossos juízos, prometendo-nos efeitos tais que não são causados por nossos experimentos. Porque dado um princípio, é necessário que, o que dele tenha seguimento, seja sua verdadeira conseqüência, se não houver qualquer impedimento. Todavia, se ocorrer algum obstáculo, o efeito que deverá resultar do mencionado princípio participará tão mais ou menos do dito impedimento, caso ele seja mais ou menos potente do já referido princípio.

29. A experiência não falha jamais, falham somente os nossos juízos, prometendo-nos dela coisas que não existem em sua potencialidade. Injustamente queixam-se os homens da experiência com suprema reprovação, acusando-a de

ser falaz. Mas deixai que a experiência ocorra, e voltai tal lamento contra vossa ignorância, que vos faz ultrapassar vossos estúpidos e vãos desejos ao assegurar por meio dela coisas que não existem em sua potência, qualificando-a então de ser falaz.

30. Injustamente lamentam-se os homens da inocente experiência, que acusam de falaciosas e mentirosas demonstrações.

31. Quem assegura pela experiência resultados que nela inexistem, afasta-se da razão.

32. A proporção é encontrada não somente nos números e medidas, mas também nos sons, pesos, no tempo, nos lugares e em qualquer outra potência que possa existir.

PROFECIAS E ENIGMAS

DIVISÃO DAS PROFECIAS

Primeiro, deverão vir as coisas dos animais racionais; segundo, dos irracionais; terceiro, das plantas; quarto, das cerimônias; quinto, dos costumes; sexto, dos casos, ou então editos, ou questões; sétimo, dos casos que não podem existir na natureza, como dizer: "sobre tal coisa que, quanto mais se tira, mais ela cresce"; e reservar os grandes casos para o final, e os mais fracos para o princípio, apresentando primeiro os maus e depois as punições; em oitavo, virão as coisas filosóficas.

DAS COISAS DOS ANIMAIS RACIONAIS

1. Ver-se-á a espécie leonina abrir a terra com unguíferas garras, e após fazer cavernas profundas, sepultará a si junto a outros animais submetidos por ela.

2. Emergirão da terra animais cobertos de trevas que, com extraordinários assaltos, atacarão a geração humana, a qual será por eles devorada, com ferozes mordidas e grande profusão de sangue.

3. E ainda: percorrerá a atmosfera nefanda espécie voadora, que atacará homens e animais, dos

quais se alimentará com forte urro, saciando seu ventre com vermelho sangue.

4. Ver-se-á o sangue jorrar por carnes dilaceradas e irrigar as partes superficiais dos homens.

5. Serão os homens atingidos por tão cruel moléstia que, com as próprias unhas irão dilacerar suas carnes. *Será a sarna.*

6. Ver-se-ão as plantas ficarem sem folhas e os rios interromperem seus cursos.

7. A água do mar se elevará sobre os altos cumes dos montes em direção ao céu, e recairá sobre as habitações dos homens. *Isto é, pelas nuvens.*

8. Ver-se-ão as maiores árvores das florestas serem levadas pelo furor dos ventos, do oriente ao ocidente. *Isto é, por mar.*

9. Os homens lançarão para longe os próprios víveres. *Isto é, disseminando-os.*

10. **Sobre a língua dos diversos povos**
    A geração humana chegará a tal ponto, que não se compreenderá o falar de um nem de outro.
    Isto é, um alemão com um turco.

11. **Sobre as meretrizes casadas**
    Ver-se-ão os pais doarem suas filhas à luxúria dos homens, e premiá-los, abandonando assim

toda custódia anterior.
Ao se casarem com as meretrizes.

12. **Sobre os camponeses**
Muitos serão aqueles que ao esfolar a mãe, virarão sua pele pelo avesso. *Os trabalhadores da terra.*

13. **Sobre os dados**
Ver-se-ão os ossos dos mortos manipular a fortuna de sua força motriz, com veloz movimento.
Os dados.

14. **Sobre o combater o grão**
Os homens combaterão asperamente o que é a causa de sua vida. *Combaterão o grão.*

15. **Sobre os jogadores**
As peles dos animais afastarão os homens de seu silêncio com fortes urros e blasfêmias.
As bolas de jogar.

16. **O som da gaita de fole**
O vento que perpassa as peles dos animais fará os homens saltarem.
Isto é, a gaita de fole que faz bailar.

17. **Sobre o sebo**
E aqueles que pastoreiam as relvas farão da noite, dia. *Sebo.*

18. Acerca das crianças que mamam

Muitos Franciscos, Domênicos e Beneditas comerão o que já havia sido comido por outros, antes e em outros momentos, e por isso estarão muitos meses adiante para poderem falar.

19. Sobre os camponeses nas vestes com que trabalham.

Virão trevas do oriente, que tingirão o céu que cobre a Itália com imensa escuridão.

20. Sobre os barbeiros

Todos os homens se refugiarão na África.

21. Sobre os serradores

Muitos serão aqueles que se moverão uns contra os outros, tendo em mão o ferro cortante. Não causarão entre si outro dano senão o de fadiga, porque quando um se atirar para a frente, o outro se retrairá para trás. Mais triste será quem se intrometer no meio, porque ao fim, restará cortado em pedaços.

22. As terras trabalhadas

Ver-se-á revolver a terra debaixo para cima e com resguardo aos hemisférios opostos tornar visíveis cavernas de animais muito ferozes.

23. Sobre o semear

Ocorrerá então que grande parte dos homens que permanecerem vivos lançarão para fora de suas casas os víveres conservados, deixando-os em livre poder dos pássaros e animais terrestres, sem cuidar deles de modo algum.

24. **Sobre os combatidos e açoitados**
Os homens se esconderão sob as cortiças das relvas descortiçadas, e gritando se entregarão como mártires, açoitando a si mesmos.

25. **A salsicha que entra nos intestinos**
Muitos farão dos intestinos sua casa e ali habitarão.

26. **As línguas dos porcos e vitelas nos intestinos**
Ó coisa porca que é ver um animal colocar a língua no traseiro do outro!

27. **Sobre o sonhar**
Andarão os homens e não se moverão, falarão com quem não se encontra, ouvirão quem não se pronuncia.

28. **Sobre as sombras que se movem com o homem**
Ver-se-ão formas e figuras de homens ou de animais, que perseguirão esses mesmos animais e homens por toda parte pelas quais fugirem, e tal será o movimento de um quanto de outro, mas parecerá algo admirável os diversos tamanhos em que eles forem capazes de se transformar.

29. **Sobre as sombras do sol e do espelhar-se na água ao mesmo tempo**

Ver-se-á muitas vezes um homem tornar-se três, e todos o seguirem, no entanto amiúde, um deles por certo o abandonará.

30. **Sobre o apagar o lume
a quem vai para o leito**
Muitos perderão a visão e depois todos os sentimentos, ao exalar seu próprio hálito com demasiada rapidez.

31. **Sobre os soldados a cavalo**
Muitos serão vistos serem conduzidos à ruína de suas vidas e a mortes súbitas por animais em grande velocidade. Pelo ar e por terra serão vistos animais de diversas cores levarem com fúria os homens à destruição de suas vidas.

32. **Sobre o escrever cartas
de uma região a outra**
Falarão entre si os homens de longínquas regiões, respondendo uns aos outros.

33. **Sobre os dotes das jovens casadouras**
Como antes as mulheres jovens não podiam se defender da luxúria e da rapina dos homens, nem pelo cuidado dos pais, nem por fortificações das muralhas, chegará o tempo em que será necessário que pais e parentes dessas jovens paguem altos preços para aqueles que queiram dormir com elas, ainda que sejam ricas, nobres e belíssimas. Certamente o que

parece é que a natureza queira extinguir a espécie humana, como coisa inútil ao mundo e destruidora de todas as coisas criadas.

34. Sobre o sonhar

Pensarão os homens reconhecer novas ruínas no céu. Ao levantar vôo e fugir com medo das chamas que descem das alturas, pensarão ouvir animais de qualquer espécie falar-lhes por meio da linguagem humana. Percorrerão ao seu lado, imediatamente, diversas partes do mundo sem se movimentar e verão nas trevas imenso esplendor. Ó maravilha da raça humana, qual frenesi te tens assim conduzido? Falarás com animais de toda espécie e eles contigo na linguagem dos homens, verás a ti mesma cair de grandes alturas sem dano algum; as torrentes te acompanharão.

35. Sobre as crianças que estão presas aos cueiros

Ó cidades marítimas! Vejo os vossos cidadãos, tanto mulheres como homens, terem seus braços e pernas estreitamente amarrados por fortes ligaduras, por aqueles que não compreenderão vossas linguagens, e somente neste momento poderão desabafar vossas dores e a liberdade perdida, mediante prantos lacrimosos, suspiros e lamentações entre vós mesmos, pois quem vos prende não vos entenderá, nem vós a eles.

36. **Sobre a profecia**
    Todos os astrólogos serão castrados.
    Isto é, os galetos.

37. **Dormir sobre as plumas dos pássaros**
    Multidões serão aquelas que, esquecendo-se de sua vida e nome, estarão como mortos sobre os despojos de outros mortos.

38. **Sobre o grão e outras sementes**
    Os homens lançarão para fora de suas próprias casas os víveres destinados a sustentar suas vidas.

39. **Sobre o serrar as relvas**
    Extinguir-se-ão inumeráveis vidas, e se farão sobre a Terra inumeráveis abusos.

40. **Os sapateiros**
    Os homens verão com prazer desfazerem-se de suas obras e quebrarem-nas.

41. **Sobre a sombra que faz o homem de noite com o lume**
    Aparecerão grandíssimas figuras em forma humana, as quais quanto mais vos fizerdes próximos, mais diminuirão a sua imensa magnitude.

DAS COISAS DOS ANIMAIS IRRACIONAIS

1. **Sobre as moscas e outros insetos**
    Sairão dos sepulcros homens convertidos em

pássaros, e atacarão outros homens tirando-lhes o alimento de suas próprias mãos e mesas.

2. **Sobre as conchas de moluscos e caracóis, que são rechaçados pelo mar e apodrecem dentro de suas carcaças**
Ó quantos serão aqueles que, depois de serem mortos, apodrecerão em suas próprias casas, tornando plenas de fétido odor as partes ao seu redor!

3. **Acerca das gralhas-de-bico-preto e dos estorninhos**
A grande multidão que tiver confiança em habitar próximo a eles, quase toda terá morte atroz. E ver-se-ão pais e mães junto a suas famílias serem devorados e mortos por cruéis animais.

4. **E peixes cozinham em água**
Animais aquáticos morrerão nas águas ferventes.

5. **Sobre as corujas e mochos com os quais se caça pássaros ao visco**
Muitos perecerão por fratura da cabeça e seus olhos saltarão pela fronte, por causa de animais pavorosos saídos das trevas.

6. **Sobre as sinetas das mulas que ficam próximas aos seus ouvidos**

Sentir-se-ão em muitas regiões da Europa instrumentos de várias magnitudes criarem diversas harmonias, causando enorme fadiga a quem mais próximo as ouvir.

7. **Sobre os asnos**
As muitas fadigas serão recompensadas com a fome, sede, privação, por golpes de clavas e aguilhoadas.

8. **Sobre os bois que se comem**
Os senhores das possessões comerão seus próprios camponeses.

9. **Sobre os ovos que, ao serem comidos, deixarão de gerar pintinhos**
Ó, quantos serão aqueles aos quais será proibido nascer!

10. **Sobre os peixes que se comem cheios de ovos**
Infinita geração se perderá pela morte das fêmeas grávidas.

11. **Sobre os animais que são castrados**
Grande parte da espécie masculina será proibida de gerar, por lhe serem extraídos os testículos.

12. **Sobre os bichos dos quais se fazem o queijo**
O leite será tirado dos filhos pequenos.

13. **Sobre o manjar feito das fêmeas dos porcos**
De grande parte das fêmeas latinas serão cortadas suas tetas e tiradas suas vidas.

14. **Sobre as formigas**
Muitos povos esconderão a si, seus filhos e víveres no interior de escuras cavernas, e ali, nos lugares tenebrosos, alimentarão a si e sua família por muitos meses, sem outro lume acidental ou natural.

15. **Sobre as abelhas**
Serão tirados de muitos outros homens suas munições e alimentos, sendo depois cruelmente submersos ou afogados por gente sem razão. Ó justiça de Deus, por que não vês o quanto maltratam a tua criação?

16. **Sobre as ovelhas, vacas, cabras e similares**
Serão tirados os filhos pequenos de inumeráveis homens, os quais serão degolados e cruelmente esquartejados.

17. **Sobre as gatas que comem os ratos**
Ver-se-ão, ó cidades da África, vossos filhos nascidos serem despedaçados nas próprias casas por animais rapinantes e cruéis de vossa própria região.

18. **Sobre os asnos espancados**
Ó natureza omissa! Porque tu te tornas parcial, apresentando-te a alguns de teus filhos como

mãe piedosa e benigna e a outros, como cruel e impiedosa madrasta? Vejo teus filhos serem oferecidos à servidão de outrem sem utilidade alguma; e em lugar de recompensa pelos benefícios realizados, serem pagos com imensos martírios e empregarem suas vidas sempre em vantagem de seu malfeitor.

19. **Sobre as serpentes levadas pelas cegonhas**
Ver-se-ão à grande altura da atmosfera longuíssimas serpentes combaterem os pássaros.

20. **As abelhas que fazem a cera das velas**
Será afogado quem fizer lume ao culto divino.

21. **Puxarão as bombardas**
Os bois, tanto quanto cavalos e búfalos, serão em grande parte, causa das ruínas das cidades.

22. **Sobre os cabritos**
Retornará o tempo de Herodes, porque os filhos inocentes serão tirados de suas amas de leite e serão mortos por cruéis homens com grandes ferimentos.

23. **Das mulas que carregam as ricas somas de prata e ouro**
Muitos tesouros e grandes riquezas estarão próximos aos animais de quatro patas, que os levarão para diversos lugares.

24. **Sobre as abelhas**
Vivem juntas em multidão; são afogadas para

extrair-lhes o mel. Muitos e grandíssimos povos serão afogados em suas próprias casas.

PROFECIAS DAS PLANTAS

1. **Sobre as nozes batidas**
Aqueles que tiverem feito o melhor serão os mais combatidos, seus filhos lhe serão tirados e esfolados, ou então, espoliados, e seus ossos, quebrados e despedaçados.

2. **Sobre as madeiras que queimam**
As árvores e arbustos das grandes florestas se converterão em cinzas.

3. **As olivas que caem das oliveiras e nos fornecem o óleo que produz o lume**
Descerá com ímpeto do céu aquele que nos dará sustento e luz.

4. **Sobre as nozes, olivas, avelãs, castanhas e similares**
Muitos filhos serão arrancados dos próprios braços de suas mães com impiedosas pauladas, e depois atirados na terra e dilacerados.

5. **Sobre as árvores que nutrem os enxertos**
Ver-se-ão pais e mães darem muito mais benefícios aos filhos ilegítimos do que aos verdadeiros.

PROFECIAS DAS CERIMÔNIAS

1. **Sobre as esculturas**
   Ai de mim! Que vejo o Salvador novamente crucificado.

2. **Acerca dos padres que têm a hóstia no corpo**
   Naquele momento, quase todos os tabernáculos, num dos quais está o Corpo de Deus, ver-se-ão de modo manifesto a si próprios deslocarem-se para diversas estradas do mundo.

3. **Sobre os crucifixos vendidos**
   E vejo novamente ser vendido o Cristo crucificado, e martirizarem sua santidade.

4. **Sobre as religiões dos frades que vivem por seus santos, mortos há bastante tempo**
   Aqueles que estiverem mortos, depois de mil anos, serão os que darão despesas a muitos vivos.

5. **Sobre as pinturas nos santos adorados**
   Os homens se pronunciarão a outros que não lhes darão ouvidos; terão os olhos abertos e não enxergarão; falarão àqueles e não obterão sua resposta; pedirão graças a quem tiver ouvidos e não ódio; farão lume a quem é cego; falarão aos surdos com grande rumor.

6. **Sobre o pranto da sexta-feira santa**
   Em todas as regiões da Europa haverá pranto de grandes povos, pela morte de um só homem.

7. **Sobre os padres que rezam missa**
Muitos serão aqueles que, para exercitarem sua arte, vestir-se-ão ricamente, e isto parecerá ser feito com o uso de paramentos sacros.

8. **Sobre os frades que confessam**
As desventuradas mulheres de própria vontade irão manifestar aos homens toda sua luxúria, obras vergonhosas e secretíssimas.

9. **Sobre as igrejas e habitações dos frades**
Muitos serão aqueles que abandonarão os exercícios, a fadiga, a pobreza de vida e de roupas, e irão habitar em ricas e ostentosas construções, mostrando ser este o meio de tornar-se amigo de Deus.

10. **Sobre vender o paraíso**
Infinita multidão venderá pública e pacificamente coisas de grandíssimo preço, que jamais lhe pertenceram ou estiveram em seu poder e sem a licença do senhor que as possuiu, sem que dele se ocupe a justiça humana.

11. **Sobre os mortos que serão soterrados**
Ó humana estupidez ou viva loucura! Os povos simples levarão grande quantidade de lume para tornar luminosas as viagens de todos aqueles que perderam totalmente a faculdade visual.

12. **Sobre o Dia dos Mortos**
   Quantos serão aqueles que derramarão o pranto por seus antigos mortos, levando o lume a eles!

13. **Sobre os frades que, ao empregar palavras recebem grandes riquezas, oferecendo-as ao paraíso**
   As moedas invisíveis farão triunfar muitos daqueles que as despendem.

14. **Sobre os cristãos**
   Muitos que são fiéis ao filho, constroem, no entanto, somente templos em nome de sua mãe.

15. **Sobre os ofícios, funerais, procissões, lumes, sinos e similares**
   Serão feitas aos homens imensas honras e pompas, sem o seu conhecimento.

16. **Sobre o turíbulo do incenso**
   Aqueles que usam vestimentas brancas e se movem com arrogância irão ameaçar com metal e fogo quem a eles não causou mal algum.

PROFECIAS DOS COSTUMES

1. **Os médicos que vivem de doentes**
   Chegarão os homens a tão grande vilania, que sentirão prazer pelos infortúnios dos outros homens além de seus males, ou então, pela perda de sua verdadeira riqueza. *Isto é, a saúde.*

2. **Prognóstico**
Coloque por ordem de mês as cerimônias das quais se têm por costume, e assim realize-as de dia e de noite.

3. **Sobre o sacudir o leito para refazê-lo**
Manifestarão os homens tanta ingratidão que aquele que oferecer sua hospedaria sem cobrar preço algum será espancado, de modo que grande parte de suas entranhas se despregará do lugar e se moverão, revirando-se pelo seu corpo.

4. **Sobre transferir o Dia de Todos os Santos**
Muitos abandonarão suas próprias habitações, levarão consigo todas as suas riquezas e irão morar em outras regiões.

5. **Sobre os homens que dormem sobre as tábuas das árvores**
Os homens dormirão, comerão e habitarão entre as árvores nascidas nas florestas e nos campos.

6. **Sobre o homem comum**
Um miserável será bajulado de modo que seus aduladores serão aqueles que o enganarão, roubarão e por fim o assassinarão.

7. **Profecia**
Levar-se-á a neve aos lugares quentes, tirada dos altos cumes dos montes, e se lhe deixará

cair nas solenidades e nas praças, no tempo do verão.

PROFECIAS DOS CASOS OU QUESTÕES

1. Sobre as armas que ferem
As obras humanas serão a causa da morte dos homens. *As espadas e lanças.*

2. A lanterna
Os bois defenderão com seus chifres o fogo de sua morte.

3. O cabo do machado
As florestas darão à luz filhos que serão a causa de sua morte.

4. O pente no tear
Muitas vezes o que é desunido será causa de grande união. *Isto é, o pente feito de canos desunidos que une os fios na tela.*

5. As carroças e as naus
Ver-se-ão os mortos arrastarem os vivos consigo por diferentes lugares.

6. Sobre os fornos
O alimento será tirado da boca de muitos.

7. Ainda sobre o forno
Será tirado o alimento da boca, daqueles que forem alimentados por outras mãos.

8. **Sobre os seixos convertidos em cal, através dos quais se constroem os muros das prisões**
   Aqueles que serão consumidos pelo fogo, antes deste tempo, tirarão a liberdade de muitos homens.

9. **A roca da seda**
   Ouvir-se-ão dolorosos gritos, altos estridores, roucas e enfraquecidas vozes daqueles que serão com tormento espoliados e, por fim, abandonados nus e sem movimento. E isso será causa da força motriz que tudo dirige.

10. **Sobre colocar e tirar o pão da boca do forno**
    Por todas as cidades, terras e castelos, vilas e casas, ver-se-ão aqueles que, pela ânsia de comer, tirarão o alimento da própria boca de um e de outro, sem que aqueles possam se defender.

11. **Sobre as fornalhas de alvenaria e cal**
    Por fim, a terra se tornará vermelha devido ao abrasamento de muitos dias, e as pedras se converterão em cinzas.

12. **Sobre os andrajos de linho a partir dos quais se faz o papel**
    Quem primeiro foi desprezado, torturado e martirizado por muitas e diferentes pancadas, será posteriormente venerado, honrado e seus preceitos serão ouvidos com amor e reverência.

13. **Sobre as peneiras feitas de pele de animais**
    Ver-se-á passar o alimento dos animais pelo interior de suas peles, por toda parte exceto pela boca, e penetrar pela parte oposta até a terra plana.

14. **Sobre as lanternas**
    Os ferozes chifres dos touros possantes defenderão a luz noturna do impetuoso furor dos ventos.

15. **Sobre as plumas nos leitos**
    Animais voadores sustentarão os homens com suas próprias penas.

16. **Os homens que se movem por sobre as árvores andam em tamancos**
    Tão densos serão os pântanos, que os homens se deslocarão por sobre as árvores de suas regiões.

17. **Sobre as solas dos calçados feitos de couro de boi**
    E ver-se-ão em grande parte das regiões os homens caminharem sobre as peles de grandes animais.

18. **Sobre o navegar**
    Haverá fortes ventos através dos quais as coisas orientais se tornarão ocidentais, e aquelas do meridiano, em grande parte mistas pelo curso dos ventos, os seguirão por longas regiões.

19. **Sobre as arcas que conservam muitos tesouros**
Encontrar-se-ão dentro das nozes, de árvores e outras plantas, grandíssimos tesouros, que ali estarão escondidos.

20. **Sobre as estrelas das esporas**
Por causa das estrelas, ver-se-ão os homens tornarem-se ligeiros, iguais a qualquer outro animal veloz.

21. **O bastão que é morto**
O movimento dos mortos fará com que muitos vivos fujam, com dor, pranto e gritos.

22. **Sobre a isca**
Com pedra e ferro tornar-se-ão visíveis as coisas que antes não se viam.

23. **Sobre o espelhar as muralhas das cidades na água de seus fossos**
Ver-se-ão as altas muralhas das grandes cidades refletidas pelo avesso, em seus fossos.

24. **Sobre o movimento das águas que levam as madeiras que são mortas**
Corpos sem alma mover-se-ão por si mesmos, e levarão consigo inumeráveis gerações de mortos, tirando as riquezas dos que vivem ao seu redor.

25. **Sobre os cabos das facas feitos de chifres de cordeiros castrados**

Nos chifres dos animais ver-se-ão ferros cortantes, com os quais se tirará a vida de muitos de sua espécie.

26. **Sobre as espadas e lanças, que por si mesmas não fazem mal a ninguém**
Quem é dócil (e sem qualquer ofensa!) tornar-se-á assustador e violento mediante as infelizes companhias, tirando cruelmente a vida de muita gente, porém, outras seriam assassinadas, se corpos sem alma saídos das cavernas não as defendessem. *Isto é, as couraças de ferro.*

27. **Sobre cordas e armadilhas**
Muitos mortos se moverão com fúria; prenderão e amarrarão os vivos, vigiando-os para que seus inimigos busquem sua morte e destruição.

28. **Sobre os metais**
Sairá de escuras e tenebrosas cavernas quem colocará toda a espécie humana em grandes aflições, perigos e morte; a muitos de seus seguidores será concedido o prazer, porém, após muitas aflições; e quem não for seu partidário morrerá com sofrimento e calamidade. Ele cometerá infinitas traições, aumentará e persuadirá os homens infelizes aos assassinatos, latrocínios e à servidão. Ele suspeitará de seus partidários; tolherá o modo de viver das cidades livres e a vida de muitos; trará sofrimento entre seus homens, com muitas fraudes, enganos

e traições. Ó animal monstruoso, quanto seria melhor para os homens que tu te retornasses ao inferno! Por tua causa, grandes selvas restarão desertas de suas plantas e infinitos animais perderão a vida.

29. **Sobre as embarcações que submergem**
Ver-se-ão grandíssimos corpos sem vida levar com fúria uma multidão de homens à destruição de suas vidas.

30. **Sobre o navegar**
Ver-se-ão as árvores das grandes selvas de Touro e do Sinai, dos Apeninos e de Talas deslocarem-se pela atmosfera do oriente ao ocidente, do norte ao meridiano, e levar com elas pelo ar grande multidão de homens. Ó quantos votos! Ó quantos mortos! Ó quanta separação de amigos e parentes! Ó quantos serão aqueles que não reverão mais suas províncias nem suas pátrias, e que morrerão sem sepultura, com seus ossos espalhados por diversos lugares do mundo!

31. **Sobre os arcos feitos com chifres de boi**
Muitos serão aqueles que, por causa dos chifres bovinos, terão morte dolorosa.

32. **A vibração da esfera do sol**
Surgirá algo tal que, quem acreditar que possa cobri-lo, será coberto por ele.

33. Sobre dinheiro e ouro

Sairá de cavernosas grutas aquele que molestará todos os povos do mundo, com grande aflição, ansiedade, trabalho, para que sejam ajudados por ele.

34. Sobre as bombardas que saem das fossas e da forma

Sairá de debaixo da terra quem, com assustadores gritos, aturdirá os vizinhos em torno, e com seu odor causará a morte dos homens e arruinará cidades e castelos.

35. O ferro saído de debaixo da terra que é morto, e dele se fazem as armas que têm causado a morte de tantos homens

Os mortos sairão de debaixo da terra, e com terríveis movimentos acossarão pelo mundo inumeráveis criaturas humanas.

36. A pedra do fuzil faz o fogo que consome todas as quantidades de lenhas com que se destrói as florestas, cozinhando-se assim a carne das bestas

As grandes pedras dos montes lançarão tal fogo que, queimarão a madeira de várias e imensas florestas, assim como muitas feras selvagens e domésticas.

37. Pelo fogo das bombardas

Ó quantas grandes construções serão arruinadas por causa do fogo!

38. **Sobre os sacos de peles**
As cabras conduzirão o vinho às cidades.

39. **O lume de uma vela**
Eis uma coisa que quanto mais se tira, jamais diminuirá seu tamanho.

40. **O fogo**
Eis uma outra coisa que quanto mais triste e má aparenta, mais se lhe aproxima.

PROFECIAS DOS CASOS QUE NÃO PODEM EXISTIR NA NATUREZA

1. **Sobre a fossa**
Diga-a em forma de frenesi ou delírio, de insânia do cérebro. Muitos estarão ocupados no exercício de tirar o que tanto cresce, quanto dele mais se tira.

2. **Acerca do peso colocado sobre o travesseiro de plumas**
Ao se observar cabeças serem extirpadas de muitos corpos, perceber-se-á aumentarem de modo evidente, e por conseguinte, ao se restituir nestes mesmos corpos as retiradas cabeças, imediatamente ver-se-á que eles diminuirão seu tamanho.

3. **Sobre apanhar os piolhos**
E serão muitos os caçadores de animais que

quanto mais se lhes apanhar, menos deles terão, e assim, pelo contrário, mais deles terão, quanto menos se lhes apanhar.

4. Sobre o tirar a água com dois recipientes por uma só corda
E permanecerão ocupados muitos que, quanto mais atraírem certa coisa para baixo, mais ela escapará em movimento contrário.

PROFECIAS DAS COISAS FILOSÓFICAS

1. Sobre a leitura de bons livros
Felizes serão aqueles que prestarem ouvidos às palavras dos mortos.
Ler as boas obras e observá-las.

2. Sobre a fama
As penas elevarão os homens, assim como os pássaros, em direção aos céus. *Isto é, pelas letras feitas por essas penas.*

3. Sobre o desejo de riqueza
Os homens perseguirão o que mais temem. *Isto é, tornar-se-ão miseráveis para não chegar à miséria.*

4. Sobre a história
Coisas desunidas se unirão e receberão em si tal virtude que restituirão aos homens sua perdida memória. *Isto é, os papiros que são feitos de peles desunidas e têm memória das coisas e feitos dos homens.*

5. **Sobre a boca do homem ser um sepulcro**
   Grandes rumores sairão de sepulcros, dos que tiveram fim por morte perversa e violenta.

6. **Acerca das peles dos animais que retêm o sentido do tato, porque ali se fazem as escrituras**
   Quanto mais se falar com as peles, veste dos sentimentos, tanto mais se adquirirá sabedoria.

7. **Sobre os planetas**
   Muitos animais terrestres e aquáticos elevar-se-ão por entre as estrelas. *Os planetas.*

8. **Sobre a mentira**
   Todas as coisas que no inverno encontram-se escondidas sob a neve ficarão descobertas e evidentes no verão. *Dita pela mentira que não pode ser oculta.*

9. **Sobre as chuvas que fazem com que os rios turvos levem embora as terras**
   Virá do céu aquilo que transmutará grande parte da África, que se mostra a esse céu em direção à Europa, enquanto parte da Europa se transferirá em direção à África, e aquelas partes das províncias se misturarão com grande revolta.

10. **Sobre os livros que ensinam preceitos**
    Os corpos sem alma nos darão com suas sentenças, preceitos úteis ao bem morrer.

11. Sobre a luxúria

E se enfurecerão os homens das coisas belas, buscando possuir e empregar somente suas partes mais feias, mas voltando-se aos seus sentimentos com dano e penitência sentirão grande admiração por si mesmos.

12. Sobre o avaro

Muitos serão aqueles que, com todo estudo e solicitude, perseguirão com ímpeto aquilo que sempre os apavorou, desconhecendo a sua malignidade.

13. Sobre os homens que quanto mais envelhecem, mais se tornam avaros, uma vez que, havendo a nós o viver pouco, deveriam tornar-se generosos

Ver-se-ão que, aqueles que são julgados por terem maior experiência e juízo, quanto menos necessidade tiverem das coisas, buscarão por este motivo possui-las e preservá-las com maior avidez.

14. Sobre as coisas que primeiro são mortas antes de serem comidas

Aquele que os alimenta será morto e flagelado por eles com impiedosa morte.

15. Sobre a água que corre turva e misturada com terra; a poeira e névoa misturada com o ar; o fogo misturado com seu calor e com cada um dos outros elementos

Ver-se-ão todos os elementos misturados juntos e revoltos deslocarem-se ora em direção ao centro do mundo, ora para o céu, e ao passar com fúria pelas regiões meridionais, dirigindo-se ao frio setentrional, em algum momento percorrerão do oriente ao ocidente, e do ocidente para outro hemisfério.

16. **Em cada ponto pode-se fazer a divisão dos dois hemisférios**
 Todos os homens trocarão de hemisfério ao mesmo tempo.

17. **Em cada ponto há divisão do Oriente ao Ocidente**
 Mover-se-ão todos os animais do Oriente ao Ocidente, e do norte ao meridiano.

18. **Sobre a noite quando não se é possível reconhecer cor alguma**
 Chegar-se-á a tanto que não se perceberá diferença entre as cores; pelo contrário, todas se tornarão de negra qualidade.

19. **Sobre o fogo**
 Nascerá de um pequeno princípio quem rapidamente se tornará grande. Ele não terá consideração por coisa alguma criada, pelo contrário, com sua potência, transformará em outra coisa tudo ao seu redor.

20. **Sobre os hemisférios que são infinitos e por infinitas linhas são divididos, de modo que sempre cada homem tenha uma dessas linhas entre um pé e outro**

Falarão entre si, se tocarão e se abraçarão os homens distantes de um e de outro hemisfério, e compreenderão suas próprias linguagens.

21. **Sobre a crueldade do homem**

Ver-se-ão animais sobre a Terra que sempre lutarão entre si, com imensos danos e mortes freqüentes para cada uma das partes. Não darão fim as suas malignidades. Com seus ferozes membros alcançarão a Terra por meio de grande parte das árvores das enormes florestas do universo. Após se alimentarem, a satisfação de seus desejos será causar morte, aflição, fadiga, temor e fuga a qualquer coisa animada. E por sua desmedida soberba, estes animais pretenderão erguer-se em direção ao céu, mas o excessivo peso de seus membros lhes manterá para baixo. Nada restará sobre a Terra, ou debaixo dela e da água que não seja perseguido, removido ou devastado. Aqueles que pertencem a uma determinada região serão deslocados para outra e seus corpos se tornarão sepulcro e passagem de todos os outros corpos animados já mortos por eles.

Ó mundo, por que não vos abris e precipitais tão cruel e impiedoso monstro, nas grandes fissuras de vossos profundos abismos e cavernas, para não mostrá-lo mais aos céus?

22. **Sobre o alimento que foi animado**
Grande parte dos corpos animados passará pelos de outros animais, isto é, as casas desabitadas atravessarão em pedaços as casas habitadas, dando-lhes uma utilidade, e levando consigo os seus prejuízos. *Isto é, a vida do homem faz-se das coisas consumidas, que levam embora consigo sua parte morta.*

23. **Sobre o medo da pobreza**
A assustadora perversidade causará tanto temor aos homens que, como loucos, acreditando fugir dela, acorrerão com veloz movimento as suas desmedidas forças.

24. **Sobre o conselho**
E aquele que se fizer mais necessário a quem precisar dele será reconhecido, porém ignorado e desprezado.

25. **Sobre as horas**
Eu direi uma palavra ou duas, dez ou mais, como me agradar, e ao mesmo tempo, gostaria que mais de mil pessoas falassem algo semelhante, isto é, que imediatamente me dissessem idênticas palavras, sem me ver, nem ouvir o que eu disser.

26. Serão as horas enumeradas por ti; quando tu disseres uma, todos aqueles, que como tu enumeram as horas, dirão o mesmo número naquele exato momento.

27. **Estes são os rios que levam as terras que deslizam pelas montanhas e as despejam nos litorais; onde entra a terra, afugenta-se o mar**
As imensas montanhas, ainda que estejam distantes dos litorais, expulsarão o mar de sua posição.

28. **A neve que cai em flocos, que é água**
A água caída das nuvens transformará sua natureza de modo que se fixará sobre as encostas dos montes por longo espaço de tempo, sem se mover. E isto acontecerá em muitas e diversas províncias.

29. **A bola de neve rolando sobre a neve**
Muitas serão aquelas que crescerão em suas próprias ruínas.

30. **O vento do oriente
que correrá para o poente**
Ver-se-ão as partes orientais difundirem-se nas ocidentais, as meridionais nas setentrionais, enredando-se pelo universo com grande estrépito, fúria e tremor.

31. **O espelho côncavo acende o fogo com o qual se escalda o forno, cujo fundo está sob o seu céu**
Os raios solares acenderão o fogo na terra, com os quais queimarão o que está sob o céu, e refletidos em seu impedimento, retornarão para baixo.

32. **Sobre as nuvens**
Grande parte do mar evadir-se-á em direção aos céus, e por muito tempo não terá retorno. *Isto é, pelas nuvens.*

33. **Sobre a vida dos homens que a cada dez anos alteram sua carne**
Os homens atravessarão os mortos por seus próprios intestinos.

34. Eu sou aquele que nasceu antes do pai; a terça parte dos homens assassinados; pois retornai ao ventre de minha mãe.

35. Ó morro, morrerei, se com tua moralidade não me amares; tanto o viver me é amargo!

36. **Sobre o conselho e a miséria**
Eis uma coisa que, quanto mais se precisa dela, mais se lhe recusa. É o conselho, que é ouvido de má vontade por aqueles que lhe têm mais necessidade, isto é, os ignorantes.

Eis uma coisa da qual quanto mais se tem medo, e se lhe foge, tanto mais ela se aproxima. É a miséria, a qual quanto mais dela se escapa, mais se lhe faz miserável e sem repouso.

37. **Sobre o sono**
Qual coisa é aquela que pelos homens é muito desejada e, quando se lhe possui, não se pode conhecer? *É o dormir.*

38. **Sobre o vinho**
O vinho é bom, mas a água o supera. *Na mesa.*

TÍTULOS PUBLICADOS

1. *Iracema*, Alencar
2. *Don Juan*, Molière
3. *Contos indianos*, Mallarmé
4. *Auto da barca do Inferno*, Gil Vicente
5. *Poemas completos de Alberto Caeiro*, Pessoa
6. *Triunfos*, Petrarca
7. *A cidade e as serras*, Eça
8. *O retrato de Dorian Gray*, Wilde
9. *A história trágica do Doutor Fausto*, Marlowe
10. *Os sofrimentos do jovem Werther*, Goethe
11. *Dos novos sistemas na arte*, Maliévitch
12. *Mensagem*, Pessoa
13. *Metamorfoses*, Ovídio
14. *Micromegas e outros contos*, Voltaire
15. *O sobrinho de Rameau*, Diderot
16. *Carta sobre a tolerância*, Locke
17. *Discursos ímpios*, Sade
18. *O príncipe*, Maquiavel
19. *Dao De Jing*, Laozi
20. *O fim do ciúme e outros contos*, Proust
21. *Pequenos poemas em prosa*, Baudelaire
22. *Fé e saber*, Hegel
23. *Joana d'Arc*, Michelet
24. *Livro dos mandamentos: 248 preceitos positivos*, Maimônides

25. *O indivíduo, a sociedade e o Estado, e outros ensaios*, Emma Goldman

26. *Eu acuso!*, Zola | *O processo do capitão Dreyfus*, Rui Barbosa

27. *Apologia de Galileu*, Campanella

28. *Sobre verdade e mentira*, Nietzsche

29. *O princípio anarquista e outros ensaios*, Kropotkin

30. *Os sovietes traídos pelos bolcheviques*, Rocker

31. *Poemas*, Byron

32. *Sonetos*, Shakespeare

33. *A vida é sonho*, Calderón

34. *Escritos revolucionários*, Malatesta

35. *Sagas*, Strindberg

36. *O mundo ou tratado da luz*, Descartes

37. *O Ateneu*, Raul Pompéia

38. *Fábula de Polifemo e Galatéia e outros poemas*, Góngora

39. *A vênus das peles*, Sacher-Masoch

40. *Escritos sobre arte*, Baudelaire

41. *Cântico dos cânticos*, [Salomão]

42. *Americanismo e fordismo*, Gramsci

43. *O princípio do Estado e outros ensaios*, Bakunin

44. *O gato preto e outros contos*, Poe

45. *História da província Santa Cruz*, Gandavo

46. *Balada dos enforcados e outros poemas*, Villon

47. *Sátiras, fábulas, aforismos e profecias*, Da Vinci

48. *O cego e outros contos*, D.H. Lawrence

49. *Rashômon e outros contos*, Akutagawa

Edição _	Bruno Costa e Jorge Sallum
Co-edição _	Alexandre B. de Souza
Capa e projeto gráfico _	Júlio Dui e Renan Costa Lima
Programação em LaTeX _	Marcelo Freitas
Consultoria em LaTeX _	Roberto Maluhy Jr.
Imagem de capa _	Peter Paul Rubens, cópia da *Battaglia di Anghiari* (c. 1603) de Leonardo da Vinci
Revisão _	Hedra
Colofão _	Adverte-se aos curiosos que se imprimiu esta obra nas oficinas da gráfica Vida & Consciência em 3 de junho de 2008, em papel off-set 90 gramas, composta em tipologia Walbaum Monotype de corpo oito a treze e Courier de corpo sete, em plataforma Linux (Gentoo, Ubuntu), com os softwares livres LaTeX, DeTeX, SVN e TRAC.